Nouveaux mondes,
nouveaux droits

Collection
Le droit fil
dirigée par
Dominique Holtzer Costedoat

9, rue de l'École-Polytechnique – 75005 Paris
www.fauves-editions.fr
ISBN : 979-10-302-0493-3

Emmanuelle Hoffman

Nouveaux mondes, nouveaux droits

À vos marques !

Essai

FAUVES
ÉDITIONS

Sommaire

Préface

Écrire la suite d'un ouvrage peut être l'occasion de le mettre à jour et d'y apporter toutes les informations nouvelles depuis la première édition. C'est déjà un énorme travail qui permet de conserver toute son actualité à un livre. Mais, en outre, l'auteur peut décider d'ajouter des chapitres pour traiter des questions récemment apparues, bref de faire un nouvel ouvrage, un ouvrage « augmenté ». Tel est le choix qu'Emmanuelle Hoffman a fait en écrivant *Nouveaux mondes, nouveaux droits.* Il faut dire que, depuis le succès de BIP « Be Intellectual proprety », sorti en 2017, bien des innovations et des changements juridiques ont parcouru le droit des marques et de la propriété intellectuelle.

L'ordonnance du 13 novembre 2019 relative aux marques de produits et de services est venue transposer en droit français la directive européenne du 16 décembre 2015 rapprochant les législations des États membres sur les marques. Dans un contexte où les actifs immatériels ont une valeur croissante pour les entreprises, son objectif est d'améliorer la protection des marques.

Désormais, de nouveaux types de marques peuvent être déposés. L'exigence d'une représentation graphique de la marque est remplacée par l'exigence d'une représentation « claire, précise, distincte, facilement accessible, intelligible, durable et objective ». L'objectif est de permettre l'enregistrement de nouvelle catégorie de marque (multimédia, holographique, mp3, mp4, etc.). Par ailleurs, avec cette ordonnance, notre droit connaît désormais une procédure renforcée d'opposition et sanctionne les actes préparatoires à la contrefaçon. L'ordonnance crée une procédure administrative en nullité et en déchéance de marques devant l'INPI. Cette déjuridiciarisation doit permettre de revoir plus facilement le registre des marques. Les marques valables et non exploitées peuvent être plus facilement remises en cause pour être utilisées par d'autres.

Le Conseil constitutionnel a eu l'occasion de préciser sa jurisprudence sur l'action de la Haute autorité pour la diffusion des œuvres et la protection des droits sur internet (HADOPI). On sait qu'en application de l'article L.336-3 du code de la propriété intellectuelle, le titulaire d'un accès à des services de communication au public en ligne a l'obligation de veiller à ce que cet accès ne fasse pas l'objet d'une utilisation à des fins de reproduction, de représentation, de mise à disposition ou de communication au public d'œuvres ou d'objets protégés par un droit d'auteur ou par un droit voisin, sans l'autorisation des titulaires de ses droits, lorsqu'elle est requise. Au sein de la HADOPI, la commission de protection des droits, lorsqu'elle est saisie d'un manquement à cette obligation, adresse aux auteurs des manquements une recommandation leur rappelant le contenu de cette obligation, leur enjoignant de la respecter et leur indiquant les sanctions encourues à défaut. Pour exercer cette mission, le code de la propriété intellectuelle donnait aux agents de la Haute autorité le droit d'obtenir la communication et la copie de tous documents, quel qu'en soit le support, y compris les données de connexion détenues par les opérateurs de communication électronique.

Le Conseil constitutionnel a été saisi par le Conseil d'État d'une question prioritaire de constitutionnalité relative à la conformité aux droits et libertés que la Constitution garantit de ces dispositions de l'article L.331.21 du code de la propriété intellectuelle. Dans sa décision n°2020-841 QPC du 20 mai 2020, il a jugé que, en faisant porter le droit de communication sur « tous documents, quel qu'en soit le support » et en ne précisant pas les personnes auprès desquelles il est susceptible de s'exercer, le législateur n'avait ni limité le champ d'exercice de ce droit de communication ni garanti que les documents en faisant l'objet présentent un lien direct avec le manquement à l'obligation énoncée à l'article L.336-3 du code de la propriété intellectuelle, qui justifie la procédure mise en œuvre par la commission de protection des droits. En outre, ce droit de communication pouvait également s'exercer sur toutes les données de connexion détenues par les opérateurs de communication électronique. Or, compte tenu de leur nature et des traitements dont elles peuvent faire l'objet, de telles données fournissent sur les personnes en cause des informations nombreuses et précises, particulièrement attentatoires à leur vie privée. Elles ne présentent pas non plus nécessairement toutes de lien direct avec le manquement à l'obligation énoncée à l'article L.336-3.

Le Conseil constitutionnel a donc jugé contraire aux droits et libertés que la Constitution garantit ces dispositions de l'article L.331-21 du code de la propriété intellectuelle. Il a ainsi confirmé sa très grande attention à la sensibilité des données de connexion (décision n°2019-789 QPC du 14 juin 2019) : « Le législateur ne peut instituer des droits de communication des données de connexion sans justification et garanties correspondantes. »

L'ordonnance du 12 mai 2021 a transposé en droit français différentes dispositions de la directive européenne du 17 avril 2019 sur le droit d'auteur et les droits voisins dans le marché unique numérique et modifiant les directives 96/9/CE et 2001/29/CE. Ce texte renforce la capacité des titulaires de droits à être rémunérés par les plateformes de partage de contenus en ligne et améliore la protection des droits des auteurs et des artistes-interprètes dans leurs relations avec les exploitants de leurs œuvres. Ce texte réaffirme le droit d'auteur comme fondement de la juste rémunération des artistes qui doivent être rémunérés par les plateformes de partage sauf à obtenir l'application de mesures préventives efficaces garantissant l'indisponibilité des contenus non autorisés. En outre, ce texte institue un mécanisme de réajustement de la rémunération prévue au contrat et une possibilité de la résiliation en cas d'absence totale d'exploitation de l'œuvre.

Le 1er juin 2023 a vu la mise en place de la juridiction unifiée du brevet (JUB) qui vise à harmoniser le droit des brevets pour mieux protéger la propriété industrielle. Cette juridiction supranationale prend des décisions s'appliquant à terme dans les vingt-quatre États parties à l'accord. Elle comprend une cour d'appel et un tribunal de première instance constitué, d'une part, d'une division centrale dont le siège est à Paris et comportant une section à Munich et, d'autre part, de quatorze divisions locales ou régionales. Elle est composée de quatre-vingt-huit juges, trente-sept qualifiés sur le plan juridique et cinquante et un sur le plan technique. La JUB est compétente pour connaître des contentieux civils portant sur les questions relatives aux brevets européens ayant basculé dans le système du brevet à effet unitaire, aux brevets européens à effet unitaire, ainsi qu'aux certificats complémentaires. La JUB a compétence exclusive pour les actions en contrefaçon, en nullité et en validité des brevets européens.

Cette création est évidemment une étape décisive pour la construction d'un véritable système européen de propriété. Il s'agit d'offrir une protection harmonisée et une plus grande sécurité économique et juridique. Les titulaires de droit ne seront plus obligés d'introduire des actions dans chacun des vingt-quatre États où leur droit est violé. Les décisions de la JUB seront applicables et exécutoires dans l'ensemble des États membres à l'accord relatif à la JUB.

L'intelligence artificielle vient, quant à elle, questionner le droit d'auteur qui ne s'est pas encore adapté à toutes ses particularités. Ainsi la collecte de données considérable ne fait pas le départ entre celles protégées par le droit d'autrui et celles qui ne le sont pas. Le texte produit réutilise les premières. En ce sens, on pourrait soutenir que ChatGPT porte atteinte au droit d'auteur. Cependant, le mode de preuve est sans doute très délicat. Comme le relève Michel Vivant : « En amont, c'est le risque de la contrefaçon que pose ChatGPT alors qu'en aval, il faut s'interroger sur le statut du texte produit et de son assimilation à une œuvre[1]. » Ainsi le droit n'est pas adapté à ces cas de figure nouveaux et va devoir être précisé et évalué.

Tous ces changements et bien d'autres soulignent le besoin de ce « titre ». Entourée de son équipe, Emmanuelle Hoffman était une nouvelle fois la mieux placée pour faire le point sur toutes ces évolutions. Son activité d'avocat et ses succès contentieux lui font côtoyer chaque jour à la fois l'application du droit existant pour défendre les intérêts de ses clients et les champs nouveaux de l'immatériel. Ce deuxième ouvrage traite du droit des marques, de sa confrontation aux autres droits, des marques notoires et renommées, du droit du *packaging* et du droit du luxe. Mais il aborde aussi les métavers, les NFT, l'intelligence artificielle… Emmanuelle Hoffman, nourrissant sans cesse une réflexion sur les enjeux de la propriété intellectuelle à l'aune de nouvelles technologies disruptives, produit avec ses équipes le fruit d'une réflexion prospective qu'elle souhaite à la portée de tous.

1. *ChatGPT et la problématique du droit d'auteur, la Semaine juridique, n°13, 3 avril 2023*

Elle relie toutes ses innovations au droit de la propriété intellectuelle.

Avec cet ouvrage, le lecteur est encore davantage convaincu que la propriété intellectuelle est économiquement majeure et son droit central, technique et en mouvement. Les entrepreneurs et les créateurs doivent s'entourer de conseil et se protéger. Ce livre d'Emmanuelle Hoffman est là pour les y aider. Puisse-t-il rencontrer un vaste public.

Marc Guillaume
Conseiller d'État

Introduction

Une brève histoire

La propriété intellectuelle est partout. Marcel Proust ne disait pas autre chose lorsqu'il affirmait que : « Les noms de lieux, de rues, les enseignes des magasins, tout ce qui constitue la vie de nos villes, ne sont pas simplement des mots, ce sont des êtres qui naissent au moment où nous les apercevons, et qui meurent ou renaissent chaque jour[2]. »

Il sera beaucoup (essentiellement) question de marques dans cet ouvrage car c'est un droit de propriété majeur qui est essentiel à la vie économique, et qui a la particularité d'être quasi absolu et quasi éternel, contrairement à de nombreux autres droits de propriété intellectuelle, qui sont soumis dès leur naissance au temps, et qui auront nécessairement une date d'expiration.

Si le terme « marque » ne fait son apparition qu'au XVe siècle, des fouilles archéologiques ont permis d'iden-

2. À *la recherche du temps perdu*, Marcel Proust, 1913.

tifier des poteries marquées de petits dessins et motifs dès l'Antiquité. Ces dernières avaient pour but de différencier les créations individuelles de celles de leurs concurrents. Par la suite, les auteurs identifient généralement trois grands courants historiques ou « vagues » concernant l'évolution de la marque.

La première se situe au XVIIe siècle et se manifeste par l'ajout d'une simple fonction de « labellisation » de la marque, à laquelle s'ajoute celle d'indication d'origine du produit et de garantie de respect des règlements de fabrication.

La deuxième vague de diffusion et de transformation de la marque a mis les progrès technologiques, le développement des transports et des modes de conditionnement des produits au service de celle-ci. C'est dans le cadre de cette mondialisation qu'ont été instaurées les premières lois de protection de la propriété industrielle. La loi du 23 juin 1857 a ainsi consacré l'existence juridique des marques françaises. Cette libéralisation des échanges a offert aux marques de plus en plus de possibilités de se développer et renforcé le rôle du consommateur.

Enfin, la troisième vague a concerné l'essor de la publicité. Les marques ont alors revêtu une dimension immatérielle nouvelle.

Une marque, et plus spécifiquement une marque enregistrée (pour le cas d'une marque française à l'Institut national de la propriété industrielle, l'INPI) confère à son titulaire un certain nombre de droits exclusifs sur cette marque. En d'autres termes, l'enregistrement d'une marque à l'INPI permet notamment à son titulaire de jouir d'un monopole d'exploitation (et donc de créer de fait un droit d'occupation), de faire valoir ses droits en cas d'atteinte et de créer de la valeur pour l'entreprise.

C'est un droit quasi absolu puisqu'il permet initialement à son titulaire de jouir d'un monopole sur le signe s'agissant des produits et services désignés au dépôt : le détenteur d'une marque peut s'opposer à ce que toute personne utilise cette marque, ou une marque similaire, pour commercialiser des produits ou des services identiques ou similaires. Par la suite, ce droit de marque peut encore gagner en force si celle-ci devient particulièrement connue et reconnue du public. Le titulaire d'une telle marque, dite de renommée, peut alors jouir d'un monopole tous secteurs confondus, et non plus seulement pour les produits et services désignés au dépôt.

C'est aussi un droit quasi éternel puisqu'une marque est enregistrée pour une durée de dix ans, mais renouvelable indéfiniment. Ainsi, contrairement à d'autres droits de propriété intellectuelle (brevet ou dessin et modèle par exemple) qui ont une durée de vie définie, il n'existe aucune limite de temps pour les marques. Celles-ci peuvent donc devenir de véritables atouts de valorisation d'une entreprise au fil du temps, raison pour laquelle les dépôts sont un investissement initial rapidement rentable.

Une personne qui serait au stade de la réflexion sur le fait de déposer ou non son signe, sur la forme du signe à adopter, dispose d'un large choix. Il existe en effet une multitude de types de marques qui peuvent faire l'objet d'un dépôt. Les marques auxquelles nous sommes les plus habitués sont celles constituées d'un mot ou d'une suite de mots (dites marques verbales) ou d'un logo (dites marques figuratives), mais il existe également des marques plus atypiques qui peuvent s'avérer particulièrement utiles. Il est par exemple tout à fait possible de déposer une marque sonore (portée musicale ou fichier MP3), de mouvement (marque qui consiste en un mouvement ou un changement de position des éléments qui composent la marque), de couleur (exemple du « Pantone process blue quadri cyan 100 % » pour Decathlon), tridimensionnelle (exemple du flacon Guerlain), holographique ou encore de position (c'est-à-dire désignée pour un emplacement particulier ou l'agencement particulier d'un élément graphique), voire une combinaison de plusieurs de ces différentes caractéristiques pour un seul et même produit (exemple de Louboutin qui est titulaire d'une marque à la fois de couleur, Pantone n° 18.1663TP, et de position, sous la semelle).

Enfin, c'est le développement des réseaux sociaux qui a permis aux marques de bénéficier et d'accéder à une visibilité sans précédent. Ces nouveaux modes de communication permettent ainsi aux marques de participer à de nouveaux défis et de devenir, si elles le souhaitent, des bannières dans le cadre d'enjeux sociaux tels que la lutte contre les inégalités sociales ou les revendications écologiques. Les stratégies marketing sont vouées à s'adapter à cette nouvelle configuration. Certaines marques sont même amenées à se transformer pour répondre aux attentes éthiques des consommateurs (tel a été le cas des marques Uncle Ben's, Aunt Jemina, Banania, Fritos,

Land O'Lakes, ou encore Cream of Wheat qui ont ainsi modifié, en 2020, leur logo).

Des « tendances » apparaissent dès lors dans les dépôts de marques et dans l'exploitation que les titulaires font de celles-ci.

Tout est stratégie

La stratégie de dépôt de marque doit donc faire partie intégrante de la réflexion des titulaires de droits, au même titre que la stratégie de choix de la cible marketing ou encore de l'image de l'entreprise. Au-delà du dépôt et de l'exploitation de son signe à titre de marque, il existe différentes manières pour une entreprise de se démarquer, et cela peut passer, si la société en fait le choix, par le respect et la promotion de « valeurs » que le titulaire de marque fait siennes et qu'il associe à son développement. Ainsi, l'innovation peut dépasser la seule invention technologique : BpiFrance[3] milite par exemple pour qu'il soit admis que l'innovation aujourd'hui dominante est celle « des modèles d'affaires », pour que l'entreprise/l'entrepreneur soit celui ou celle qui « crée, capture et partage » et non plus seulement celui ou celle qui apporte une nouveauté technique sur le marché. L'innovation prend de nouveaux aspects et devient aussi une affaire d'organisation. Cela ressort très bien, par exemple, de la communication des biscuits Michel et Augustin, de la mise en relation des producteurs et des consommateurs

3. Bpifrance : banque publique d'investissement française créée en 2012, ayant pour mission le financement et le développement des entreprises.

avec la Ruche qui dit oui, des modèles de Veepee (ancien vente-privée.com) pour les ventes évènementielles, etc.

Ces modes nouveaux d'innovation s'appuient aujourd'hui sur des fonctions, sur des valeurs qui peuvent s'apparenter à celles de la marque. Comme la marque, ces modes d'innovation fonctionnent sur des principes de capital confiance, de proximité et de valorisation de l'avantage concurrentiel. On remarque alors un point commun avec l'essor de ces nouveaux modèles d'affaires : l'implication croissante du consommateur dans les pratiques de l'entreprise. Ces dernières capitalisent ainsi sur l'implication des consommateurs (qui peut parfois aller jusqu'à la co-création de certains produits, des campagnes publicitaires, etc.), avec pour objectif de générer chez eux un capital satisfaction, une intention comportementale de fidélité et une intention de « payer plus ». Si l'on considère que la co-création est un moyen d'innovation permettant de créer de la valeur pour le client final, il faut toutefois éviter des erreurs stratégiques coûteuses pour l'entreprise, car « s'approprier » l'innovation suppose une coordination au sein des services de l'entreprise afin de permettre de la valoriser. Cela passe souvent par le contrat et/ou l'avant-contrat et ce, dans de très nombreux domaines, allant de la recherche et développement (R&D) à la direction financière, ou encore à la direction juridique qui, en relation avec la direction de la stratégie assistée de son conseil, va opérer un choix sur les droits de propriété intellectuelle à privilégier, va coordonner et exploiter les différentes ressources internes. Le capital immatériel de l'entreprise est ainsi à la fois constitué de son modèle économique, de ses choix stratégiques et de manière plus restreinte et plus couramment établie, des marques qu'elle peut détenir.

Il faut toutefois préciser que les marques composant le portefeuille d'une entreprise ne seront inscrites à son actif que dans la mesure où celles-ci auront été déposées à l'origine et non acquises ultérieurement au cours de sa vie. Cette solution est logique puisqu'au moment de son dépôt, la marque n'a pas encore de valeur. C'est pourquoi les dépenses qui y sont afférentes (conception, dépôt, surveillance, protection…) sont comptabilisées en charge. En revanche, et là aussi de manière logique, si une marque déjà enregistrée est acquise par la société, celle-ci est à comptabiliser en immobilisation incorporelle. Ainsi, si la marque existe déjà et fait l'objet d'un rachat par la société, la valeur à l'actif correspondra à son prix d'achat. Si la marque est apportée lors d'un regroupement de sociétés par exemple, la marque sera valorisée à sa juste valeur.

Le choix du déposant constitue également un élément de réflexion au moment du dépôt de la marque. Si celle-ci est déposée au nom d'une société, elle fera immédiatement partie de ses actifs (et pourra donc servir d'outil de valorisation de l'entreprise). Cependant, en cas de cession de l'entreprise, la marque sera cédée en même temps. Si au contraire, la marque est déposée au nom d'une personne physique (souvent le créateur), celle-ci ne sera pas nécessairement cédée en même temps que l'entreprise, et devra donc faire l'objet d'un contrat de cession distinct, voire d'un contrat de licence pour l'exploitation de la marque. Une conséquence directe de ce choix est que le déposant personne physique pourra disposer de redevances découlant de l'exploitation de sa marque par la société. Il faut donc être particulièrement vigilant quant au nom du (ou des) déposant, tant au moment du dépôt que du rachat éventuel d'une marque ou d'une entreprise, car les coûts découlant de ces choix initiaux sont loin d'être neutres. Par exemple, s'il s'agit d'une seule marque française, le coût d'un changement de titulaire/inscription de la cession sera relativement faible. En revanche, s'il s'agit d'inscrire la cession auprès de plusieurs offices pour tout un portefeuille de marques, il sera plus prudent de faire auditer le portefeuille en amont de toute décision.

La stratégie de l'entreprise va aussi s'adapter à sa structure industrielle : l'entreprise doit ainsi adapter la stratégie de protection de ses actifs immatériels à sa structure et la faire évoluer en fonction de son secteur industriel. À titre d'exemple, le brevet est un actif rendu public, si bien que le secret de fabrique peut lui être préféré. Un exemple classique est évidemment la recette Coca Cola qui demeure secrète, ce qui confère à son titulaire non seulement une certaine sécurité liée au secret de fabrique mais aussi une durée de protection potentiellement éternelle. Le grand public sait que la formule est conservée à la Sun Trust Bank d'Atlanta, siège de la multinationale. Mais chacun sait qu'à l'heure de la chromatographie et du spectromètre, la composition du Coca-Cola n'a rien de secret. La légende veut pourtant qu'elle soit secrète et que ce secret soit bien gardé, en raison de la manne publicitaire qui entoure la marque.

Le brevet est l'inverse absolu du secret : il repose sur la publicité et le monopole accordé sur un temps déterminé. Concrètement, cela permet de protéger l'exploitation commerciale d'une innovation de manière temporaire. Dans le secteur pharmaceutique, un médicament breveté est donc divulgué à la communauté scientifique. Ce brevet sert ainsi à la recherche qui pourra s'appuyer sur les informations qu'il contient. Mais ce n'est que lorsqu'un médicament breveté tombe dans le domaine public qu'il peut alors être librement reproduit. Il s'agit des médicaments génériques. Cependant, le titulaire du brevet expiré qui a valorisé sa recherche et les investissements y afférents conserve la marque sur le nom du médicament, pour autant qu'il ait pensé à le déposer.

Les droits de propriété intellectuelle loin de s'exclurent doivent donc être vus comme complémentaires les uns des autres. La stratégie à adopter pour les droits de propriété intellectuelle implique donc d'identifier toutes les protections possibles, lesquelles peuvent se cumuler ou se succéder dans le temps.

Pour un type de cumul, un dépôt à titre de marque portant sur un modèle ou un droit d'auteur expiré (ou non) est aussi parfaitement envisageable. À titre d'exemple, la société Hermès International a notamment protégé son iconique sac Kelly à titre de marque. Il en va de même pour le flacon du célèbre parfum J'adore de la société Parfums Christian Dior ou, dans un autre registre, de personnages de fiction tels qu'Astérix ou Titeuf. En effet, si un modèle protégé ou non par un autre droit de propriété intellectuelle est devenu identitaire de l'entreprise comme ayant acquis un caractère distinctif, le titulaire peut envisager un dépôt à titre de marque, ce qui lui permet en outre d'obtenir sur ce signe une protection potentiellement éternelle puisque contrairement au droit d'auteur ou au droit des dessins et modèles, la marque peut être renouvelée de manière infinie. Une même création peut donc être protégée, dans le temps, par différents droits de propriété intellectuelle, celui permettant la durée de protection la plus longue étant *in fine* la marque.

Comme nous l'avons vu précédemment, il convient donc d'être vigilant sur le moment du dépôt, le titulaire de la marque, sa nature, mais également sur les classes des produits et/ou services visés ainsi que sur les territoires à couvrir. Chaque titre de propriété industrielle est en effet circonscrit à un territoire. Avoir une vision prospective de l'activité mais aussi de l'évolution d'un produit permet de prévoir une stratégie optimale et cohérente tout en optimisant les coûts y afférents.

La marque n'est protégée ni partout, ni pour tout. Raison pour laquelle un accompagnement juridique est particulièrement important, d'autant plus lorsque le souhait de l'entreprise est de mettre en place une stratégie de communication forte.

Emmanuel Sauvage
Co-fondateur et directeur général
EVOK COLLECTION

Il y a quelques années, les marques étaient incarnées par une personnalité dans la grande majorité des cas. Il y avait toujours un lien très fort entre la marque et une personne physique.
C'est pourtant, lorsqu'on y pense, un pari risqué. Lorsque la personne, le designer, le créateur, s'en va, le risque est qu'alors la marque ne soit plus incarnée et se retrouve dévalorisée, avec une gestion mise en péril, et qu'elle aille jusqu'à s'éteindre.
On est ensuite passé à une époque de « déshumanisation des marques » pour qu'elles aient une identité propre, indépendante de toute personne physique.
Aujourd'hui, malgré les risques évoqués précédemment, nous revenons à cette notion « d'ambassadeur de marque » qui crée un lien entre une marque et une personne qui l'incarne. Mouvement que j'attribue surtout à la déferlante des réseaux sociaux et d'Instagram notamment. Cette personne devient en quelque sorte le « VRP », la personne de confiance incarnant la marque, sa créativité et ses valeurs dans l'humeur, le gout, la tendance du moment.
N'oublions pas que l'incarnation, c'est la communication ! Incontournable pour permettre une visibilité, une image, une identification. Sans

oublier l'essentiel : l'émotion ! Le besoin de projection, d'incarnation, de lien, de créativité voire de témoignage du génie humain, est plus fort que le risque potentiel de voir disparaitre la marque et son image au départ de son ambassadeur.
Certains ont prouvé que la puissance de la marque peut demeurer après le départ du fondateur tout en étant transformée par le nouvel acquéreur qui la fait sienne et l'enrichit. Car une grande marque est non seulement le reflet d'une personnalité qui la caractérise, mais aussi le fruit d'un ensemble, d'une équipe soudée qui comprend et agit en fonction. Le départ du créateur n'est pas forcément synonyme de son effondrement si l'équipe poursuit l'histoire dans le même sens. L'âme reste, les codes changent. Certains parcours prouvent que cela est possible et même réussissent le pari de faire mieux !
Un exemple de transmission et d'évolution réussies : Ian Schrager, célèbre entrepreneur hôtelier et promoteur immobilier américain (Studio 54, Édition Hôtel, Hudson Hôtel, Delano & Mondrian Hôtel...), a revendu ses marques. Aujourd'hui, celles-ci continuent leur chemin de façon différente avec de nouveaux comportements « dans l'air du temps », tout en maintenant leur image à travers le monde. Ce qui montre la puissance et la force intrinsèques qu'une marque peut avoir lorsque son créateur a réussi à insuffler des valeurs suffisamment fortes à son ADN pour qu'elle lui

perdure, grâce à l'implication d'une équipe relais. Peut-être que ce questionnement est plus visible dans le domaine du luxe que dans d'autres domaines ? Les enjeux financiers ne sont pas les mêmes non plus. Les grandes maisons de haute couture y sont confrontées par exemple. Leurs fondateurs ne sont plus de ce monde, mais leur ADN subsiste. Certains paris osés ont payé car dans l'air du temps. Les réseaux sociaux et les ambassadeurs actuels qui les incarnent ont réussi à faire perdurer et à moderniser la marque, à la rendre plus attractive et à élargir sa clientèle.

Le poids de la marque Evok est encore faible bien sûr, car nous amorçons tout juste son développement à l'international, mais avec le temps et l'élargissement de son réseau, elle saura grandir. Notre tâche reste grande mais la marque est, me semble-t-il, déjà prometteuse. Notre exigence à vouloir changer et faire bouger l'hôtellerie, à donner un nouveau souffle, une nouvelle vision du luxe, une vie de rêve à nos clients, nous donne déjà raison.

Ces « nouveaux consommateurs » représentés par les kiffeurs, les visionnaires, les agitateurs, les modérateurs nous ont permis de modifier notre vision et les codes de l'hôtellerie. Pour moi, un hôtel n'est plus seulement un lieu de vie, c'est aussi une marque et nous la travaillons en ce sens.

Les stratégies changent, suivent les courants de la société, les codes, la mode, mais, si l'âme et l'esprit persistent, alors, les marques ont encore de belles années devant elles.

Le nouveau rôle de la marque

Les marques ont toujours été pour les entreprises une façon de promouvoir une certaine manière de vivre, de proposer du rêve afin de favoriser une adhésion donc un achat. Ce rôle plus officieux des marques se transforme toutefois petit à petit en norme. Et ce (plus ou moins) nouveau rôle de la marque a lui aussi différents impacts pour son titulaire. Le développement massif des moyens de communication et la place grandissante des réseaux sociaux dans nos modes de consommation font que les entreprises sont aujourd'hui de plus en plus sous les projecteurs quand elles s'efforcent de se démarquer de la concurrence.

Il existe désormais une part non négligeable du public (donc des consommateurs) qui prend sa décision d'achat en fonction d'une pluralité de critères, dont le discours de l'entreprise. Le choix des consommateurs peut ainsi être fondé à la fois sur les qualités supposées ou réelles des produits proposés, leur prix, mais également sur le discours de la marque, sur ses actes et ses engagements. Il peut ainsi y avoir, pour les titulaires de marques, une véritable recherche du bien commun. Une entreprise ayant une communication axée sur un modèle responsable sur le plan écologique pourra ainsi orienter son discours commercial en ce sens, afin que ce choix stratégique devienne pour elle un avantage concurrentiel. L'attention des consommateurs, leur envie de « mieux consommer », la volonté des marques à la fois de se démarquer et de participer à un mouvement bénéfique pour le bien commun peuvent contribuer à un cercle vertueux de consommation et de développement de l'activité économique d'un pays.

Il y a désormais de la place sur le marché pour les marques qui souhaitent devenir une référence commune et qui fédèrent de véritables communautés autour d'elles.

L'exemple particulièrement marquant de ces dernières années est notamment la marque de mode Sézane, créée en 2013 par Morgane Sézalory. Sur le plan économique, son chiffre d'affaires a dépassé les 250 000 millions d'euros en 2021 et elle a ouvert son capital social à Téthys Invest en 2022. Ce succès peut s'expliquer par la mise en place de nombreux éléments développés ci-devant : Sézane oriente sa communication sur sa prise d'engagements que ce soit vis-à-vis de tiers (en reversant notamment une partie de son chiffre d'affaires à des associations choisies), ou de l'environnement. Elle est ainsi parvenue à fédérer une véritable communauté. La marque Sézane demeure donc toujours un indice de confiance pour les clients, qui la perçoivent comme une marque proposant et identifiant des produits et une qualité associée à un prix attractif ou perçu comme juste.

Peu importe la stratégie mise en place, la consécration suprême pour les marques est de figurer dans les classements des marques préférées des Français qui fleurissent chaque année. Les deux lauréats de l'année 2023 seraient selon le classement annuel du cabinet de conseil en stratégie Ernst &

Young: Action et Decathlon. Un premier enseignement pourrait être tiré de ce classement: la crise économique a renforcé les marques prenant en compte les petits budgets. Les marques telles qu'Amazon, Uber Eats, Zalando, Vinted, Mano-Mano en sortent par exemple renforcées. Autre élément qui semble ressortir: la crise de la Covid-19 a contribué à renforcer les exigences des consommateurs en matière d'expérience numérique. Enfin, les qualités de l'offre ainsi que la confiance dans la marque influencent le consommateur, notamment sur les monomarques: Ikea, Picard, Yves Rocher, Kiabi, et Decathlon (marque distributeur) l'ont pris en compte en créant leurs marques propres.

On observe toutefois un paradoxe chez les consommateurs, qui tentent de concilier leur exigence, leurs préoccupations morales et leur budget (d'où l'essor dans un même temps d'AromaZone, spécialisée dans la commercialisation d'ingrédients naturels, et de Shein, exemple même de l'ultra *fast fashion*[4], et marque largement décriée notamment par Yann Rivoallan, président de la Fédération du prêt-à-porter féminin).

Un constat s'impose: la marque a su conquérir de nouveaux territoires et un retour en arrière des consommateurs semble improbable, tant ces nouveaux modes de consommation paraissent désormais profondément ancrés.

---

4. Littéralement « Mode rapide » (sur le modèle du terme *Fast Food* que l'on peut traduire par « restauration rapide »). Désigne une tendance très répandue dans l'industrie de la mode reposant sur un renouvellement et une production ultra-rapide des collections.

Point d'attention

Avant d'entrer dans le top 10 des marques préférées des Français, ces sociétés ont nécessairement réfléchi à une stratégie de développement, incluant nécessairement une réflexion sur les dépôts des signes.

On aurait tort de penser qu'une stratégie de dépôt ne se met en place que pour les très grandes entreprises. Tous les acteurs économiques sont concernés. Il est ainsi particulièrement important de déposer le signe auprès d'un office et de réfléchir à l'usage qui sera fait de ce signe, car les droits de propriété intellectuelle sont territoriaux, et les signes ne doivent être déposés que pour des produits et services qui seront réellement exploités.

Les questions à se poser en amont sont donc au moins les suivantes :

- Qui sera le déposant (l'entreprise, une personne individuelle, etc.) ?
- Le signe est-il déjà utilisé (à l'identique ou de manière similaire) par un autre acteur du secteur considéré ? Si tel est le cas, ce tiers bénéficie d'une antériorité sur le signe et pourra en conséquence s'opposer au projet de dépôt. Il est donc particulièrement important d'effectuer une recherche d'antériorités avant tout dépôt.
- Pour quels produits et services le signe sera-t-il utilisé (par exemple, la marque Yves Rocher

est naturellement déposée pour les produits et services liés aux cosmétiques, alors que la marque Picard sera déposée pour des produits en lien avec le secteur alimentaire) ?

- Le signe a-t-il vocation à être exploité seulement en France (auquel cas un dépôt français peut suffire), ou bien sur le territoire européen, voire dans plusieurs pays du monde (auquel cas un dépôt auprès de l'EUIPO[5] et/ou de l'OMPI[6] peut s'envisager soit dès le départ, soit dans les 6 mois suivants un premier dépôt [ces 6 mois sont appelés « délai de priorité », et permettent de conserver la date du dépôt initial]) ?

Plus ces questions seront envisagées tôt dans le projet d'une entreprise, plus celui-ci sera circonscrit, plus les coûts seront rationalisés et donc plus la société sera valorisée.

---

5. Office de l'Union européenne pour la propriété intellectuelle.
6. Office mondiale de la propriété intellectuelle.

1.
Au nom des villes, au nom des gens : exploration du monde des marques

La marque comme capital confiance

De précédents écrits avaient permis de mettre en valeur que le progrès passait par l'utilité immédiate ou non, qu'il se jugeait, et s'évaluait à l'aune de l'usage. La marque était alors un lien d'identification fort, permettant la reconnaissance, l'identification de l'entreprise. La marque permettait de nommer les choses et ainsi de définir, situer et raccrocher un produit ou un service à une origine. De la Grèce antique à la révolution industrielle, la marque a joué ce rôle d'identification et a contribué à sa manière à favoriser l'innovation. Le fait de nommer a permis l'identification, l'identification a permis la protection, la protection a permis la valorisation, et finalement, la valorisation a permis l'innovation. Cette identification passait initialement par la personnification : la marque et le nom de l'entrepreneur se confondaient, et ce nom était emblème de qualité de produits, services et savoir-faire. Peugeot, Panhard, mais également Hermès, Gallimard, Chanel ou Provost en sont de parfaits exemples.

Toutefois, ces noms devenus marques ne sont pas exempts de conflits liés aux homonymies, en particulier lorsque les familles se sont agrandies, ou que les fondateurs n'exercent plus au sein de l'entreprise. Le nom patronymique peut être trompeur et à tout le moins sujet à caution, lorsque l'entreprise ou le produit a évolué, lorsque le titulaire des droits évincé souhaite reprendre ou continuer son activité. Les marques patronymiques sont pourtant courantes pour désigner des produits ou services pour lesquels les notions de savoir-faire, d'authenticité sont primordiales. Ainsi en est-il du luxe, de la haute couture, du design. Dans ces secteurs en particulier, la perte de l'usage du nom déposé à titre de marque est fréquente, donnant lieu à d'interminables procès (Kenzo Takada, Inès de la Fressange).

Homonymie et cession de la marque

Ces questions paraissent techniques, mais sont devenues au cours du temps d'intérêt quasi public, à tel point que ces cycles judiciaires sont très régulièrement contés dans la presse, et font même l'objet d'intrigues dans de nouvelles séries, à l'instar d'*Emily in Paris* sur Netflix. Dans cette série, le célèbre couturier Pierre Cadeau vend ainsi sa marque éponyme à un très grand groupe de luxe français, et se rend rapidement compte après la vente, qu'il a perdu tout droit de regard sur l'exploitation de son nom, mais surtout tout droit d'utiliser son propre nom (toute ressemblance avec des faits réels ne semble pas si fortuite que cela...).

Pour une histoire dans la réalité désormais : la famille Taittinger. Virginie Taittinger, membre de la famille Taittinger, a, après avoir cédé ses parts sociales dans la société éponyme exploitant la marque de Champagne, déposé la marque « Virginie T » pour désigner un nouveau champagne et le distribuer. Furent par la suite déposés des noms de domaine pour permettre la communication et la vente de champagne, dont <virginie-t.com>. Parallèlement, elle déposait comme nom de domaine son nom patronymique <virginie-taittinger.com>, <virginie-taittinger-champagne.com>. La société propriétaire de la marque « Taittinger » a alors reproché à Virginie Taittinger de porter atteinte à la marque renommée « Taittinger ». Après plusieurs degrés de juridiction, la cour d'appel de renvoi[7] a procédé à une appréciation très concrète de la situation, et a estimé que les références faites par Virginie Taittinger au champagne Taittinger en lien avec ses origines familiales, son expérience professionnelle, ou pour distinguer ses produits étaient « légitimes ». La cour a ainsi considéré que ces mentions n'étaient bien que des références (par exemple référence aux trente années exercées par Virginie Taittinger au sein de l'entreprise Taittinger, ou à ses compétences acquises et transmises au sein de cette famille Taittinger, etc.).

7. CA Paris, 3 mars 2020, Pôle 5, Chambre 1, n° 18/28501.

La cour a également examiné l'ensemble de la documentation accessible au public (site internet, documentations publicitaires, etc.) et a constaté que, si Virginie Taittinger utilisait effectivement le nom Taittinger dans le cadre de la distribution de ses produits, son prénom Virginie était mis en avant, tant dans les noms de domaine litigieux qu'au sein de la marque « Virginie T », tout comme dans la documentation promotionnelle : « ces circonstances, exclusives de toute mauvaise foi et de tout comportement contraire aux usages honnêtes en matière industrielle ou commerciale [...] constituent autant de justes motifs qui conduisent à écarter le grief d'atteinte à la marque de renommée ».

En conclusion, la cour a donc considéré que Virginie Taittinger :

– ne tirait aucun profit indu de la renommée de la marque en question,

– ne portait pas préjudice à la valeur distinctive ou à la renommée de la marque Taittinger en rappelant son origine familiale et que son nom suffit à identifier son parcours professionnel ou son expérience passée, même agrémentés de photographies.

Cette décision peut être transposée pour toutes les marques patronymiques gérées initialement par des familles et qui, au fil du temps, sont cédées (partiellement ou totalement). Si l'on prend ne serait-ce que les dix premières marques françaises de luxe les plus valorisées en 2023[8] neuf d'entre elles sont des noms patronymiques :

8. Classement Brand Finance 2023.

1. Louis Vuitton
2. Chanel
3. Hermès
4. Christian Dior
5. Cartier
6. L'Oréal
7. Hennessy
8. Guerlain
9. Lancôme
10. Yves Saint-Laurent

Certaines font également partie des marques les plus anciennes de France (Hermès a été fondée en 1837, Cartier en 1847 et Louis Vuitton en 1854 pour ne citer que celles-ci). Or, le titulaire de la marque est bien une personne ou une entreprise, mais n'est en aucun cas une famille. Cette décision est donc difficilement tenable pour les titulaires ayant acquis la marque et souhaitant l'exploiter paisiblement. Ils peuvent en effet acquérir régulièrement une marque qui aura été volontairement cédée par les anciens titulaires, et voir l'un des héritiers du nom patronymique poursuivre l'utilisation de son nom, non pas à titre de marque, mais à titre de référence à son nom et/ou à son expérience (éventuellement au sein de l'entreprise familiale désormais cédée à un tiers). Les nouveaux titulaires de marques patronymiques « nom + prénom » ou simplement « nom » doivent être d'autant plus vigilants lorsque la personne qui porte effectivement ce « nom + prénom » a collaboré un temps à l'élaboration des produits et services proposés sous la marque éponyme, puis cessé cette collaboration.

Point d'attention

Si les dernières décisions jurisprudentielles et notamment l'arrêt Taittinger peuvent être rassurant pour les personnes qui, à l'instar de Virginie Taittinger, font usage de leur nom comme simple référence à ce même nom et ne sont pas obligés de faire table rase ni de leur passé, ni de leur expérience professionnelle à l'occasion de la création d'une nouvelle entreprise ayant une activité similaire/identique, celle-ci ne rassurera toutefois pas de nouveaux titulaires ayant racheté, ou projetant de racheter des marques patronymiques.
Pour ces derniers, il convient donc d'être particulièrement vigilant en amont de tout rachat, et éventuellement de prévoir des clauses contractuelles, en interdisant ou en limitant l'usage ultérieur dudit nom par les cédants dans la vie des affaires.

Homonymie et collaboration du titulaire du nom

Il arrive parfois, et de manière courante dans le domaine de la mode, que certains déposent leur propre « nom + prénom » à titre de marque, l'exploite un temps, puis la revende, tout en continuant de collaborer avec le repreneur de la marque patronymique. Il en a ainsi notamment été de Jean-Charles de Castelbajac qui, en 2012, a cédé à la société PMJC les marques « JC de Castelbajac » et « Jean-Charles de Castelbajac » (enregistrées notamment pour des vêtements pour femmes et produits cosmétiques). Ce dernier a, jusqu'en 2015, assuré pour le compte de cette société la direction artistique des marques susmentionnées, avant de se séparer en mauvais termes, ce qui a mené à de nombreuses procédures, dont la présente. Monsieur Jean-Charles de Castelbajac a ainsi notamment reproché à la société PMJC d'utiliser les marques « JC de Castelbajac » et « Jean-Charles de Castelbajac » de façon à laisser croire au consommateur que les produits proposés sous ces marques avaient été élaborés sous sa direction artistique, alors que cela n'était plus le cas.

La cour d'appel de Paris[9] a dans un premier temps rappelé une solution de principe selon laquelle : « Le titulaire d'une marque correspondant au nom du créateur et premier fabricant de produits portant cette marque ne peut, en raison de cette seule particularité, être déchu de ses droits au motif que ladite marque induirait le public en erreur. »

Celle-ci a ensuite considéré qu'une telle solution n'empêchait pas que soit prononcée la déchéance d'une marque si le titulaire en faisait toutefois un usage trompeur. La cour a ainsi indiqué que « les éléments (…) caractérisent l'usage trompeur que la société PMJC a fait, à plusieurs reprises, au moins au cours de l'année 2018, des marques "JC de Castelbajac" n° 616 et "Jean-Charles de Castelbajac" n° 795, en associant ces marques, ou les signes similaires Castelbajac et Castelbajac Paris qui en constituent des formes légèrement modifiées, à des agissements visant à faire croire au consommateur que certains

9. CA Paris, Pôle 5, Chambre 1, 12 octobre 2022, n° 20/11628.

produits qu'il acquiert, revêtus de ces marques ou signes, ont été conçus par ou sous la direction artistique de M. de Castelbajac alors que cette conception ne s'inscrit plus dans le cadre de la collaboration qui a uni, de juillet 2011 à la fin de l'année 2015, la société et le créateur.

La marque devant demeurer un instrument loyal d'information du consommateur des produits et services visés à son enregistrement, cet usage trompeur des marques "JC de Castelbajac" n° 616 et "Jean-Charles de Castelbajac" n° 795, justifie, en application de l'article L. 714-6 b) précité, le prononcé de la déchéance des droits de la société PMJC sur lesdites marques ».

Cette décision particulièrement récente, et particulièrement nouvelle, fait ainsi naître un réel devoir de réserve et d'attention pour le titulaire second d'une marque patronymique, dans le cas où le titulaire initial n'aurait plus de lien avec lui. Cette difficulté pourrait en effet se reproduire en particulier dans le domaine du luxe et de la mode ; d'aucuns pensent qu'il faudra être attentifs et vigilants aux futures décisions jurisprudentielles en la matière.

Stricte homonymie

Enfin, s'agissant de la stricte homonymie, la jurisprudence doit encore régulièrement trancher des situations complexes, à l'instar de la décision société Croizet c/M. Croizet[10]. La société Croizet, immatriculée en 1954, a notamment pour activité la production de cognac, et est

10. Cass. Com., 7 septembre 2022, n° 21-12.602.

titulaire d'une marque française verbale « Coizet », enregistrée en 1978 et régulièrement renouvelée depuis. Selon les informations recueillies, le défendeur, M. Croizet, appartient à une famille exploitant depuis huit générations une activité de distillation de cognac sous le nom de famille « Croizet ». À partir des années 1970, cette exploitation est poursuivie sous la dénomination « Pierre Croizet ». En 2008, il crée la société Croizet Vins Spiritueux Cognac, devenue, en 2011, Maison Pierre Croizet, puis, en 2017, La Maison des Pierres, laquelle exerce une activité de distillation des vins à destination de cognac, sous l'enseigne « Pierre Croizet » et exploite le nom de domaine <croizet.com> enregistré en 2000.

Or, la société Croizet reprochait à Monsieur Croizet (et à la société La Maison des Pierres), des actes contrefaçon de marque et de concurrence déloyale et parasitaire. Cependant, le patronyme « Croizet » utilisé dans le nom de domaine constitue le nom de famille du défendeur qui est également le fondateur et gérant de la société Pierre Croizet (devenue La Maison des Pierres). Les magistrats notent également que le nom de domaine en cause a été enregistré en 2000 (soit près de dix-sept ans avant les faits incriminés), et que la société Croizet coexistait avec celle-ci depuis de nombreuses années. Monsieur Croizet avait dès lors fait un usage de bonne foi du nom de famille « Croizet ».

Ainsi, si certains passent parfois une vie à tenter de « se faire un nom », il arrive régulièrement que d'autres choisissent délibérément de n'utiliser, de ne s'identifier que par un prénom. On peut citer pour les plus connus

Chloé (prêt-à-porter de luxe), Paul (boulangerie), Sephora (cosmétique), Michel et Augustin (alimentaire), Nicolas (vin et spiritueux). Autant de secteurs concernés par l'usage d'un prénom seul à titre de marque.

Il convient de rappeler qu'il existe un principe dit d'indisponibilité, encadrant le choix du prénom d'un enfant, lequel appartient à ses seuls « père et mère », selon l'article 57 alinéa 2 du Code civil. La conséquence de ce principe est que le prénom n'appartient pas à la personne qui le porte. Elle n'en a ainsi pas l'exclusivité, ne peut pas le céder ni le prêter. Un prénom existant peut donc être attribué à une autre personne. Il a ainsi été expressément précisé en 2013 dans le cadre d'une question au gouvernement, par le ministère du redressement productif que par principe, « l'utilisation commerciale d'un prénom est en effet licite[11] ».

Point d'attention

Si l'on y regarde de plus près, il peut en effet y avoir de nombreux avantages à faire usage d'un prénom seul à titre de marque et notamment :

- Évocatif : les prénoms sont souvent associés à des images positives, ce qui peut donner à la marque une image chaleureuse et attrayante pour les consommateurs.
- Mémorisable : les prénoms sont simples, courts et donc facilement mémorisables, ce qui peut

11. Question n° 7752 publiée au publiée au JO le 23 octobre 2012. Réponse publiée au JO le 22 octobre 2013.

aider les consommateurs à se rappeler la marque.
- Personnalité : les prénoms peuvent donner à la marque une personnalité distincte qui peut être utilisée pour communiquer avec les consommateurs.
- Univers émotionnel : les prénoms peuvent évoquer un univers émotionnel qui peut être utilisé pour créer une connexion émotionnelle et personnelle avec les consommateurs.
- Moyen de différenciation : en déposant un prénom comme marque, une entreprise peut se faire remarquer des consommateurs et se différencier de ses concurrents qui choisissent :
  des mots inventés et sans aucune signification initiale,
  des mots/combinaisons de mots ayant une signification initiale mais sans lien avec les produits et services proposés,
  des combinaisons de mots et notamment (nom + prénom).

Le choix d'utiliser à titre de marque un unique prénom peut parfois poser certaines difficultés.

Homonymie du prénom

De manière aléatoire et imprévisible, il peut arriver qu'un prénom soit lié à un fait divers particulièrement impactant, et se retrouve ainsi connoté de manière très négative dans l'opinion publique. Ainsi en est-il du prénom Jawad qui, après les attentats du 13 novembre

2015, est devenu source de moqueries et est aujourd'hui toujours lié à cet événement (le premier résultat pour le mot clé « Jawad » sur le moteur de recherche Google renvoie ainsi toujours aux attentats plus de sept ans après les faits). Cet exemple est un cas extrême, et il est rare que des prénoms soient à ce point liés à des événements aussi lourds à porter, mais il faut tout de même être conscient que le choix d'un simple prénom à titre de marque rend cette dernière plus sujette aux fluctuations de l'actualité du fait de son caractère commun.

Plus couramment cette fois-ci, il convient de prendre en compte le principe dit de spécialité relatif au droit des marques (et sauf exception notamment pour les marques notoires/de renommée). Selon ce principe, le dépôt d'une marque permet à son titulaire d'empêcher d'autres acteurs de faire usage de ce signe pour des produits/services similaires et/ou identiques aux objets de son dépôt. Ainsi, le dépôt d'un prénom à titre de marque pour des vêtements ne permettra pas au titulaire d'empêcher que ce même prénom soit exploité/enregistré dans le domaine de l'automobile ou celui du vin. Enfin, il existe une limite qui sera particulièrement importante et liée à la nature même du signe : sauf cas particulier, un prénom est en général relativement courant. Le risque d'homonymie est donc très grand.

En tout état de cause, la jurisprudence retient désormais de manière établie que les prénoms peuvent naturellement être déposés à titre de marque et donc être défendus en cas d'utilisation fautive de tiers (c'est-à-dire si l'utilisation seconde est source de confusion dans l'esprit du public avec la marque antérieure). Pour autant, consciente du fait que le pouvoir d'identification d'un prénom seul est souvent quasi nul en dehors du cercle de famille, les différents tribunaux requièrent qu'il soit démontré que l'association du prénom et du nom soit marquée par une réelle notoriété.

La confusion n'est ainsi en général retenue que lorsque la rareté ou l'originalité d'un prénom permet une assimilation/association immédiate à une personne déterminée, ou encore, dans le cas d'un prénom plus « classique », lorsque celui-ci est rendu célèbre car attaché à une personne précise et connue largement du public.

En 2013, à l'occasion d'une question au gouvernement, le ministère du redressement productif avait ainsi pu énoncer que « les tribunaux ont jugé que la confusion n'était possible que lorsque la rareté ou l'originalité d'un prénom fait que le public l'assimile automatiquement à une personne déterminée. Ils retiennent également le cas d'un prénom porté par une famille précise ou d'un prénom "classique" mais rendu célèbre car attaché à une personnalité connue du public [12] ».

Pour illustrer ces différentes difficultés, il est possible de faire référence à la marque « Kendall + Kylie » qui a échoué à faire interdire le dépôt de la marque « Kendall » pour des produits et services différents. Dans cette affaire, l'EUIPO a, dans un premier temps, classiquement comparé les produits et services visés par chacune des marques en cause, et en a ici déduit que ceux-ci

12. Question n° 7752 publiée au publiée au JO le 23 octobre 2012. Réponse publiée au JO le 22 octobre 2013.

étaient dissemblants (classe 25 pour la marque « Kendall + Kylie », soit les vêtements et classes 35, 41 et 45 pour la marque « Kendall », soit principalement des services de publicité, de divertissement ou encore d'information y compris dans le domaine de la mode). Dans un second temps, l'EUIPO s'est penché sur l'étude de la renommée éventuelle de la marque antérieure « Kendall + Kylie » et en a déduit que les pièces produites démontraient que :

– la marque « Kendall Jenner » possédait un nombre important d'abonnés sur les médias sociaux ;

– l'article extrait de Wikipédia mentionnait les activités de Kendall Jenner et son implication dans les efforts promotionnels, etc.

Mais l'EUIPO relève que le tout ne suffisait pas à démontrer une renommée pour les produits et services considérés puisque les usages du nom « Kendall » faisaient en l'espèce « référence à Kendall Jenner (ou même à Jenner) en tant que personne et non à "Kendall" en tant que marque[13] ».

Ainsi, la renommée de Kendall Jenner en tant que personne n'a pas suffi pour l'Office à démontrer dans un même temps l'usage de ce prénom à titre de marque, et donc la renommée de cette marque.

Point d'attention

Dans sa décision, l'EUIPO rappelle les conditions cumulatives devant être prises en compte pour

13. EUIPO, Division d'annulation, 16 juin 2020, n° 16 327 C.

qualifier une atteinte à une « marque de renommée », à savoir :

- l'identité ou la similarité des signes,
- l'antériorité de la renommée de la marque invoquée (tant sur le territoire concerné que pour les produits et/ou les services sur lesquels la demande est fondée),
- le profit indu de la marque seconde, résultant du caractère distinctif ou de la renommée de la marque antérieure.

De même, la sociétés Les Dessous Boutique Diffusion n'a pas réussi à démontrer une notoriété suffisante de sa marque antérieure « Lou » pour interdire une campagne de publicité « Lou est Morgan », « Morgan de Lou », « We Love Lou », « We "Lou », « Morgan "Lou ». La cour d'appel de Paris[14] a en effet jugé qu'il n'y avait pas contrefaçon en procédant à une appréciation particulièrement factuelle de la situation. Celle-ci a ainsi observé que l'utilisation du prénom « Lou » par la société Morgan :

– se distingue de la marque verbale « Lou », l'élément distinctif des slogans incriminés étant le vocable « Morgan » associé à la personnalité de l'actrice Lou Doillon ;

– que conceptuellement, si les signes en présence évoquent également un prénom féminin, il n'en demeure pas moins que le terme « Lou », choisi par la société Morgan, se rattache sans équivoque à la personne de l'actrice Lou Doillon,

14. CA Paris, 4e chambre, section A, 19 septembre 2007, n° 06/13913.

comme sa nouvelle égérie et ne suggère nullement le pseudonyme historique de la société demanderesse ;

– que la société Morgan n'a pas cherché à créer un risque de confusion et d'association dans l'esprit de la clientèle puisqu'elle avait sorti sa campagne publicitaire Lou antérieurement à celle de la société demanderesse qui envisageait de développer les accroches « Lou c'est tellement vous », « Lou c'est tellement nous », « Qui est Lou ».

Les nouvelles marques éponymes

À côté de ces marques plus anciennes, de nouvelles jeunes marques éponymes ont été déposées. Elles ont su trouver leur place, leurs *aficionados*, chacune en développant une identité propre (et forte). Désormais, il n'y a plus une seule manière de réussir à imposer sa marque mais autant de modèles qu'il y a de vision du marché tant que, derrière l'aspect marketing, il y a à la fois un savoir-faire et une inspiration.

Céline

C'est en 1945 que Céline Vipiana fonde avec son mari un magasin de chaussures sur mesure pour enfants à Paris, boutique connue comme « le bottier pour enfants ». En 1960, une nouvelle orientation vers la mode féminine est prise : accessoires de maroquinerie, dont des gants, des sacs, ou des mocassins. Vent Fou, le premier parfum est lancé en 1964, suivi deux ans plus tard d'une ligne d'accessoires avec un nouvel emblème : un sulky américain. Mais c'est en 1967 que la marque étend sa gamme une fois de plus avec l'apparition d'une collection de prêt-à-porter intitulée « Couture Sportswear », connue pour ses jupes-culottes, et ses ensembles jupe avec chemisier.

Le logo changera en 1973 avec un dessin inspiré par les maillons de chaîne entourant l'Arc de triomphe à Paris et formant deux initiales « C » entrelacées formant un blason. Trois ans plus tard, l'expansion à l'étranger commence avec l'ouverture de boutiques dans de grandes capitales européennes, suivie de l'Asie, pour atteindre le nombre de 80 en 1987. Cette même année, Bernard Arnault entre au capital de la marque. La marque connaît ensuite une nouvelle évolution en 1996 en faisant son entrée dans le Groupe LVMH et constitue aujourd'hui une maison reconnue du luxe français, en particulier pour sa maroquinerie.

Michel & Augustin

Ou comment une simple affaire de petits gâteaux « ronds et bons » menée tambour battant par un consultant dans l'industrie agroalimentaire et un analyste en stratégie peut devenir une marque prisée par les consommateurs. Une recette simple et efficace alliée à une compétence marketing de premier plan : les deux créateurs ont su créer une marque vraie.

Il leur fallait s'inspirer de l'humour décalé de Ben & Jerry's pour mettre en place une communication sortant des sentiers battus et s'appuyer sur un partenariat industriel avec Senoble pour croître et inonder un marché déjà saturé. Des ingrédients simples, une image moderne, des moyens mis en œuvre dans le respect des choix des consommateurs (emballage recyclable, humour...) ont su faire émerger cette marque.

Ligne Roset : de la canne au tube de dentifrice

Antoine Roset, arrière-grand-père des dirigeants actuels, Pierre et Michel Roset, attiré par les magnifiques forêts de hêtres du Bugey, crée en 1860 une petite fabrique de cannes pour ombrelles. À la fin du XIXe siècle, partant du constat que les femmes abandonnent l'usage de l'ombrelle, Antoine Roset décide d'innover dans un premier temps, en destinant ses tours à bois à la fabrication de pieds et barreaux de chaise, puis dans un second temps, en passant à la conception et à la fabrication de chaises. Depuis, Ligne Roset s'est imposé comme le premier éditeur-fabricant-distributeur de mobilier contemporain français. Ligne Roset édite notamment un produit phare : le siège-coussin « Togo » né de l'observation d'un tube de dentifrice replié. Ce siège offre une assise « tout en mousse » destinée à offrir un maximum de confort.

C'est ainsi que Ligne Roset a fait des choix stratégiques en optant pour des dépôts multiples :

- des marques verbales françaises et mondiales,
- des marques figuratives françaises (ex. : la forme caractéristique du siège « Togo » Ligne Roset est enregistrée à titre de marque).

À noter: aucun des héritiers Roset n'a déposé à l'heure actuelle son « prénom + nom » à titre de marque, ce qui semble résulter, là aussi, d'un choix stratégique lié à l'unité de l'image de l'entreprise.

Des marques et des tendances

Si certaines marques capitalisent sur leur nom de famille afin de promouvoir des valeurs telles que la tradition, l'histoire et ainsi la fiabilité et la durabilité, d'autres utilisent leur image de marque pour se différencier de la concurrence, en misant non pas sur un nom, mais sur un visuel ou un concept fort. C'est ainsi que Louis Vuitton créa l'un des premiers logos avec ses célèbres lettres LV entrelacées dès 1854, rapidement suivi par d'autres, à l'instar de Coco Chanel en 1925 avec ses C entrelacés. Et c'est ensuite la quasi-totalité des maisons de mode qui ont suivi cet élan: la logomania était née. Ce terme fait référence à une tendance culturelle et de mode, dans laquelle les logos et les marques ont été mis en avant de manière ostentatoire, excessive et obsessionnelle. Cette tendance a émergé dans les années 1980 et 1990, lorsque de nombreuses marques ont commencé à utiliser leur logo comme un symbole de statut et de reconnaissance. Les consommateurs se sont montrés très attachés à ces logos et les ont affichés ostensiblement, que ce soit sur leurs vêtements, leurs sacs, leurs chaussures ou leurs accessoires. Ces logos permettaient ainsi pour les consommateurs d'appartenir à une véritable communauté et de revendiquer une appartenance ou à tout le moins, une certaine allégeance à une marque. Cependant, la logomania, comme toutes les tendances, a fini par être critiquée pour son côté ostentatoire et matérialiste. Certains observateurs ont accusé cette tendance de promouvoir une culture de la consommation excessive, au détriment de valeurs plus essentielles et plus authentiques.

C'est dans ce contexte qu'a émergé un mouvement radicalement inverse, dit No Logo. Ce mouvement est né et a en partie pris son nom du livre *No Logo : la tyrannie des marques* de la journaliste canadienne Naomi Klein, publié en 1999. Ce mouvement prônait alors un véritable rejet des marques et de la consommation de masse qu'elles représentaient. Ses adeptes critiquaient les marques pour leur emprise sur la culture et leur influence sur les comportements d'achat, ainsi que pour les conditions de travail des travailleurs qui fabriquent les produits vendus sous ces marques. Il s'agissait ainsi d'un véritable mouvement social et politique, critiquant l'emprise et l'impact des marques et des grandes entreprises sur la société.

Les partisans du No Logo ont adopté un mode de vie minimaliste, refusant de porter des vêtements de marque ou de consommer des produits associés à des marques célèbres. Ils ont également développé des stratégies de boycott et de désinvestissement à l'encontre des entreprises dont les pratiques leur semblaient inacceptables. Ce mouvement a aujourd'hui quelque peu perdu en visibilité, mais certaines de ses idées et de ses critiques ont continué à influencer les débats sur la consommation, la culture et l'impact social et environnemental des marques. Aujourd'hui encore, partout dans le monde, de nombreux acteurs et de nombreux citoyens continuent de tenter d'influer sur les modes de consommation et de production des entreprises, pour tendre vers des modèles plus vertueux. Fort de ces nouvelles demandes de consommation plus vertes exigées par les consommateurs, de nombreuses marques tentent de les appliquer à leurs *business model.*

Cela n'empêche pas pour autant un retour ces dernières années d'une certaine logomania, et une déclinaison de celle-ci avec l'omniprésence des monogrammes (que l'on pourrait appeler monogrammania). Si le phénomène logomania pouvait se définir comme le fait d'apposer/de décliner le logo d'une marque sur tous les produits, en toutes tailles, pourvu que celui-ci soit particulièrement visible, la monogrammania renvoie au fait d'apposer son monogramme (reproduction des lettres distinctives de la marque) sur tous les produits, en toutes tailles, allant parfois jusqu'à créer un motif à part entière (exemple de Fendi ou Balmain). Toutes les grandes marques développent ou remettent à l'ordre du jour leur logo ou leur monogramme, qui s'affiche et se décline sur tous les produits, et la plupart tiennent dans le même temps compte des exigences politiques, sociales et environnementales par la promotion de certaines valeurs au travers de leur communication quotidienne (*upcycling*, mise en place d'un réseau de seconde main, etc.). Avec le retour proéminent des logos, il ne serait pas incohérent désormais de s'attendre à ce que, dans quelque temps, nous voyions se développer, comme cela a pu être le cas dans le passé, une nouvelle tendance « sans logo ».

Des marques et des villes

Le droit des marques est plus large qu'il n'y paraît, et il ne touche pas que les personnes/secteurs privés. La propriété intellectuelle est partout, y compris du côté des collectivités territoriales. Le dépôt de noms de ville à titre de marque est une pratique que les maires ont à prendre en considération, et qui consiste à enregistrer le nom d'une ville ou d'une localité en tant que marque auprès des offices (comme toute marque classique). Cette pratique est souvent utilisée par les municipalités et les organisations locales pour promouvoir leur ville ou leur région en tant que destination touristique, ou pour attirer des investissements.

L'enregistrement d'un nom de ville en tant que marque offre différents avantages : la protection et la maîtrise de l'utilisation du nom de la ville dans un contexte commercial, la possibilité de générer des revenus grâce à des licences de marque, la création d'une identité de marque forte pour la ville ou la région, la capitalisation du nom de la ville en tant que marque, la contribution à créer un sentiment d'appartenance fort, etc. De nombreuses villes sont désormais conscientes des nombreux atouts qu'offre la détention d'une marque sur le nom de leur ville. Il en va ainsi naturellement de Paris, Saint-Tropez, Deauville, Cannes ou plus récemment encore, Vendôme.

À noter : les villes ne sont pas les seules à pouvoir déposer leur nom à titre de marque, les pays peuvent également le faire. Pour un exemple récent, la marque « Choose France » a été enregistrée à l'INPI en 2018 et, fait marquant, le déposant n'est autre que l'« État français, représenté par le Premier ministre ».

Les entreprises doivent donc être particulièrement vigilantes lorsqu'elles souhaitent faire usage de ces termes particuliers, et ce, même si la tentation peut être grande à l'occasion d'événements ou de manifestations particulières. On ne saurait à cet égard trop conseiller une prudence accrue à l'approche des Jeux olympiques de Paris à l'été 2024 (tant sur les termes Jeux olympiques/JO qui sont bien évidemment enregistrés et détenus par le Comité international olympique), que le terme Paris dont l'usage est très strictement limité.

2.
Voyage dans l'écosystème des marques notoires et de renommée

Un peu d'histoire

Le terme de renommée n'a jamais été juridique. À l'origine, la renommée se rapportait naturellement aux héros grecs en les inscrivant dans une généalogie divine. Chez les Romains, la renommée était civique et religieuse, et bien évidemment, réservée aux grands orateurs. La renommée s'acquérait ainsi par le dévouement d'une personne à la Cité.

Dans le domaine du droit des marques, c'est cette seconde considération qui prime. La reconnaissance des marques dotées d'une renommée ou notoriété particulière est sans nul doute aujourd'hui l'exemple le plus marquant et le plus symbolique de la modernisation du droit et de l'harmonisation communautaire. Ces marques bénéficient d'un régime juridique dérogatoire leur permettant d'échapper à plusieurs principes fondamentaux du droit des marques : le principe d'acquisition du droit par son enregistrement, le principe de territorialité du droit des marques et le principe de spécialité du droit des marques. Si les deux premiers principes sont rapidement intelligibles, le troisième apparaît comme plus technique, il est pourtant fondamental.

Par essence, les droits de propriété intellectuelle sont des outils offensifs, dissuadant ainsi les concurrents les plus immédiats de se doter de ressources juridiques propres à concurrencer celles du titulaire initial. Une stratégie s'impose donc dans les choix des moyens de protection à la disposition des entreprises. Dans un arrêt du 22 novembre 2007, la Cour de justice de l'Union européenne (CJUE)[15] a considéré que les deux notions – notoire et renommée – étaient voisines, sans toutefois être strictement identiques sur le plan juridique. La différence unique entre ces deux notions tient en réalité à l'enregistrement de la marque renommée et à l'absence d'enregistrement de la marque notoire. La marque notoire[16] est ainsi celle qui est largement connue d'une partie très importante du public mais qui n'est pas enregistrée.

La notoriété ou la renommée peuvent être le résultat par exemple de l'ancienneté de l'usage de la marque, d'une diffusion commerciale très large, d'actions de communication intensives. Et, pour les deux notions, la conséquence est une protection allant au-delà de

15. CJCE, 22 nov. 2007, aff. C-328/06, Nieto Nuño.
16. En application de l'article 6bis de la Convention de Paris du 20 mars 1883.

celle accordée par principe. Ainsi, quand le droit des marques répond à un principe de spécialité, l'exception de la marque renommée ou notoire élargit les droits de leur titulaire, qui pourra s'opposer à l'usage de son signe par un tiers, que ce soit pour des produits ou services différents de ceux qu'il exploite, ou même pour des produits ou services non couverts par l'enregistrement de sa marque.

Le principe de spécialité conduit, en principe, à limiter la protection d'une marque aux seuls produits et services visés dans l'enregistrement du titre. Ainsi, une marque déposée en classe 25 (selon la Classification internationale de Nice) ne sera protégée que vis-à-vis des signes concurrents similaires/identiques exploités également pour des vêtements. En conséquence, une marque identique pourra être valablement déposée pour désigner des services relevant de la classe 45 et être ainsi exploitée pour des services juridiques sans porter atteinte à la première marque, pourtant identique. Pour un exemple concret, il suffit d'observer le signe « Mont Blanc » qui est enregistré et exploité par différentes sociétés pour des produits aussi variés que des montres, des stylos ou encore de la crème dessert.

La société créatrice de stylo a proposé son premier *Safety Pen* avec la première série de stylos-plumes baptisée « Rouge et Noir ». Elle a pris le nom « Montblanc » en 1910 afin d'évoquer le plus haut sommet d'Europe, évocation qu'elle a également déclinée comme l'emblème de la société : l'étoile blanche à six branches (symbolisant les six glaciers enneigés de la montagne). Dans le même temps ou presque, en 1917, la société Lait Mont Blanc est créée. Implantée à Rumilly en Savoie, la marque produit du lait concentré sucré et du Tonimalt (malt d'orge et cacao en poudre). Quelques décennies plus tard, en 1952, la première crème dessert aromatisée vendue en boîte voit le jour. En 2023, elle reste l'un des desserts préférés de plusieurs générations. Ces différentes marques coexistent ainsi paisiblement, et chacune est limitée, en ce qui concerne leur exploitation respective, au libellé des produits couverts par les marques : c'est le cas d'école du principe de spécialité.

Les marques notoires et de renommée font donc exception à ce principe. Si en 1910 la marque Montblanc avait été reconnue comme étant renommée, elle aurait pu s'opposer à ce que la société Lait Mont Blanc dépose, après elle, une marque Mont Blanc pour des produits différents et l'exploite pour des crèmes dessert.

Si la marque renommée bénéficie donc d'une protection élargie, l'atteinte à une marque de renommée et les sanctions prononcées à ce titre par les tribunaux reposent sur un régime spécial. Selon le régime spécial de la protection de la marque renommée, l'appréciation et la caractérisation de l'atteinte à une telle marque reposent sur trois critères clairement identifiés dans l'arrêt dit Intel de la CJUE[17] : 1) un préjudice causé au caractère distinctif de la marque (dilution), 2) un préjudice causé à sa renommée (« ternissement ») ou 3) profit indûment tiré du caractère distinctif ou de la renommée de la marque (parasitisme).

17. CJUE, 6 sept. 2017, aff C-413/14 P.

Avec cette grille de lecture, plusieurs marques ont été reconnues comme ayant acquis une renommée particulière et ont ainsi pu bénéficier de ce régime spécial et extensif de droits. En 2006, Chanel a ainsi pu être qualifiée de marque de renommée par la cour d'appel de Paris[18] tout comme Coca Cola en 2014[19], ou encore McDonald's (avec plusieurs autres de ses marques) par le Tribunal de l'Union européenne (TUE) en 2016[20].

L'avènement des réseaux sociaux a quelque peu changé non pas la donne, mais la chronologie nécessaire à la reconnaissance de la renommée d'une marque. Certaines marques récentes ont ainsi pu bénéficier d'une exposition exponentielle en un temps minime comparé à celui des marques de luxes déposées au XIXe siècle. Il aura ainsi fallu très peu de temps à des marques comme Facebook en 2013[21] ou encore Instagram en 2017[22], pour bénéficier de cette qualification et donc du régime spécial et dérogatoire applicable. À noter toutefois, le titulaire de droit se prévalant de la qualité de « marque de renommée » doit fournir les éléments nécessaires au tribunal afin de démontrer cette qualité, ainsi, Tik Tok a récemment échoué à cette démonstration ; l'EUIPO a en effet considéré que le titulaire de la marque n'avait pas fourni suffisamment d'informations sur le niveau de connaissance des marques Tik Tok parmi les consommateurs[23].

18. CA Paris, 18 oct. 2006, aff. n° 05/06038.
19. TUE 11 déc. 2014, aff. T-480/12.
20. TUE 5 juill. 2016, aff. T-518/13.
21. TGI Paris, 3e ch., 4e sect., 13 juin 2013, n° 10/11174.
22. TGI, 29 juin 2017, n° 16/03018.
23. EUIPO, Opp. B3135494, 22 décembre 2021.

Il convient ainsi de rester prudent sur ce qualificatif de « renommée » puisqu'un titulaire qui exploiterait un même signe ou un même monogramme sous différents logos/déclinaisons ne pourrait bénéficier de ce régime spécial qu'après avoir démontré le caractère renommé de toutes les marques invoquées dans la procédure.

Point d'attention

L'atteinte à une marque de renommée ne peut s'apprécier que « marque par marque », et suppose de démontrer cumulativement, pour celui qui s'en prétend victime, la satisfaction de plusieurs conditions, à savoir :

- la renommée de la marque revendiquée (ou la renommée de chacune des marques invoquées si plusieurs marques sont revendiquées) ;
- l'existence d'un lien dans l'esprit du public concerné entre le signe litigieux et la marque de renommée (ou avec chacune des marques de renommée invoquées si plusieurs marques sont revendiquées) ;
- l'existence d'un profit indu ou d'un préjudice subi par la marque de renommée (ou par chacune des marques de renommée invoquées si plusieurs marques sont revendiquées).

Tout est marque

Puisque tout est marque, et surtout tout est public et tout est instantané, attention aux *bad buzz* qui peuvent frapper sans crier gare jusqu'aux marques renommées.

Pour un ordre d'idée, en 2021, 113 070 marques françaises ont été déposées selon l'INPI. Loin de se limiter aux produits de grande consommation, leur berceau historique, puis aux entreprises, au monde industriel et au B2B, les marques – ou plutôt la marque – étendent leur modèle de pensée et d'action à toutes les sphères de la vie économique, mais aussi publique ou même privée.

Et puisque tout est marque et tout est communication, les entreprises seront particulièrement attentives aux choix des termes et/ou du logo qu'elles souhaitent exploiter à titre de marque : entre revendication d'authenticité, volonté de marquer les esprits et choix esthétiques, le consommateur sera finalement le dernier juge, et les polémiques et manipulations sont parfois plus proches qu'on ne peut l'imaginer.

Il arrive ainsi que certains choix de design de logos puissent avoir des répercussions inattendues et difficilement prévisibles. C'est l'exemple type du logo Amazon : l'entreprise souhaitant moderniser son image a, courant 2021, modifié son logo historique (c'est à dire Amazon en lettres noires sur fond blanc, et flèche sourire orange en dessous) pour un logo carré couleur carton – référence aux emballages Amazon – assorti d'un morceau de scotch rectangulaire et bleu qui se trouvait sur le bord supérieur, et surplombait la flèche sourire d'Amazon (cette fois-ci de couleur noire).

Mais certains ont vu dans ce nouveau logo, et principalement dans ce morceau de scotch au-dessus de la flèche sourire, la figuration d'une bouche et surtout de la moustache d'Hitler. Amazon a pris très au sérieux ces critiques puisqu'elle a très rapidement modifié son logo : désormais la forme du scotch est carrée et non plus rectangle, et l'un des côtés est replié sur lui-même.

Les possibles *bad buzz* ne se limitent malheureusement pas au stade du dépôt de la marque. Ils peuvent naître à tout moment de la vie de l'entreprise, comme on a pu notamment le constater à divers lancements de campagnes de publicité, lorsque différentes sociétés ont été plus ou moins récemment critiquées pour s'être livrées à une appropriation culturelle.

L'appropriation culturelle : précautions à prendre

L'appropriation culturelle réside dans la reprise et l'utilisation d'éléments culturels appartenant à une culture minoritaire, d'une manière considérée comme inadaptée ou inappropriée, et surtout, ne rendant pas à cette culture le crédit, le mérite et les retours financiers qui découlent de son utilisation. Cette notion est liée au patrimoine « d'une culture historiquement dominée qui est utilisé par un groupe dominant à des fins de profits – artistiques, financiers voire politiques » *(The Good Goods)*. Ainsi, l'appropriation culturelle est dénoncée par certains lorsque les éléments culturels sont utilisés à des fins de marginalisation ou d'exploitation des communautés culturelles concernées.

Ces problématiques concernent naturellement toutes les marques, renommées ou non. Toutefois, les premières, par définition, bénéficient d'une très large reconnaissance et d'une visibilité particulièrement accrue ; elles sont donc naturellement sous le feu des projecteurs, et sont ainsi souvent concernées au premier plan par les critiques.

C'est ainsi que depuis quelques années, plusieurs sociétés dans l'univers du prêt-à-porter ou de la parfumerie (y compris les maisons de luxe) ont fait l'objet de dénonciations en lien avec l'appropriation de différentes cultures, en raison notamment de la commercialisation de vêtements reprenant des motifs ornementaux traditionnels, ou de la mise en scène considérée stéréotypée d'une culture et de ses éléments.

Ont ainsi pu être dénoncés par le public la reprise de motifs ornementaux appartenant à plusieurs peuples mexicains sur des vêtements (Isabel Marrant, Anthropologie, Sézanne, mais également Stella McCartney) ou le fait d'arborer différents symboles d'une culture donnée par des individus étrangers à celle-ci. Par exemple Katy Perry s'habillant en geisha japonaise lors des American Music Awards ou encore des mannequins qui, défilant pour Gucci, mettent en scène des turbans sikhs revendus près de 800 $, alors même qu'aucun des mannequins n'était apparenté à la culture représentée.

Différents reproches sont ainsi faits à ces comportements :

– un affaiblissement, un appauvrissement et une banalisation de la culture concernée : un designer, un artiste ne peut laisser penser être l'inventeur d'un élément culturel pluriséculaire,

– un manque à gagner pour la culture originale et ses artisans,

– une suprématie d'un groupe dominant.

Si l'appropriation culturelle ne fait pas l'objet de définition ou de sanction d'un point de vue juridique, cette notion peut être source d'une atteinte à l'image de certaines marques auprès des consommateurs.

Il convient dès lors d'être particulièrement vigilant dans l'utilisation commerciale de certains éléments caractéristiques d'une culture et donc d'éviter toute reproduction d'éléments culturels ainsi que toute représentation de mannequin/d'individu issus de cette culture dans des situations susceptibles de porter atteinte à la dignité ou à l'image d'une culture ou d'un peuple.

L'équité peut toutefois trouver son compte au sein d'un échange culturel respectueux des droits et intérêts des parties. Cela peut se traduire par :

– une véritable collaboration avec les membres issus de la culture concernée, et ce tout au long du processus de création,

– une référence à la parenté de l'idée,

– une prise en compte de la signification culturelle des éléments utilisés,

– une attention particulière afin d'éviter les stéréotypes culturels,

– une transparence dans les activités de marketing et de publicité, en indiquant clairement l'origine culturelle des produits ou des services, afin d'inclure le public dans la démarche de la campagne de publicité/dans la démarche artistique souhaitée.

Il est important de noter que, utilisées de manière positive, comprise et engagée, la promotion et l'utilisation d'éléments issus de cultures minoritaires sont bénéfiques et peuvent être considérées comme un moyen de diffusion culturelle, permettant au public de découvrir et de s'engager avec des cultures différentes de la leur. La démarche peut contribuer à la compréhension et à l'ouverture interculturelle.

Les artistes sont donc libres de s'inspirer de différents aspects des cultures qui les entourent et de les intégrer à leur travail. Cela peut conduire à la création de nouvelles formes d'art et à l'innovation culturelle. Les cultures évoluent constamment, tout comme la création, les deux s'inspirent et communiquent entre elles constamment en réponse aux influences extérieures. L'utilisation d'éléments issus de cultures minoritaires peut donc, selon le point de vue, mais surtout selon l'usage qui en est fait par les créateurs/les entreprises, être perçue de manière très négative, comme étant de l'appropriation culturelle ou au contraire, être considérée comme un moyen pour les cultures de s'adapter, de s'ouvrir et de se développer, en intégrant des éléments d'autres cultures.

De tout temps, le mélange culturel a été perçu comme un élément profitable : les cultures s'enrichissent mutuellement par l'échange d'idées et d'influences et créent par la suite de nouvelles formes d'expression culturelle. Bien utilisé, accompagné de la communication adéquate et éventuellement en associant le consommateur au processus, ce mélange culturel peut être tourné à l'avantage de la marque, et peut contribuer à renforcer son avantage concurrentiel sur le marché.

Le « branding », l'exemple d'Apple

Ainsi, on voit que les grandes sociétés/les marques fortes ont la capacité de créer « l'événement », et ainsi un sentiment d'appartenance et de communauté chez leurs consommateurs en mettant en avant des « valeurs » éthiques et/ou environnementales ou encore en proposant un univers fort et identifié.

Parmi les plus connues, une marque comme Apple utilise naturellement diverses stratégies de marketing et de *branding* pour parvenir à fédérer autour d'elle de véritables adeptes qui ne jurent plus que par cette marque.

Ces stratégies peuvent inclure la création d'une identité de marque forte et cohérente, l'utilisation d'un langage et d'un ton spécifiques pour communiquer avec les consommateurs, l'organisation d'événements et d'activités pour rassembler les membres de la communauté, et la création de produits exclusifs ou limités qui ne sont disponibles que pour les membres de la communauté.

Lorsqu'une marque réussit à créer une communauté forte et engagée autour de ses produits ou services, des avantages significatifs en découlent pour l'entreprise. Les consommateurs qui se sentent partie prenante d'une communauté sont plus susceptibles de devenir des clients fidèles et de recommander la marque à d'autres personnes. Les membres de la communauté peuvent même aller jusqu'à fournir des commentaires et des idées précieuses à l'entreprise, contribuant ainsi à l'amélioration continue de la marque et de ses produits ou services.

Bien sûr la création d'une telle communauté implique une stratégie ainsi qu'une vision à long terme. Les marques doivent donc travailler pour gagner la confiance et la fidélité de leurs consommateurs en offrant des produits et/ou des services de qualité supérieure en étant honnêtes et transparentes dans leur communication. Les marques doivent également écouter attentivement les commentaires et les préoccupations de leurs clients afin d'agir en conséquence pour maintenir la confiance et la loyauté de la communauté.

Et naturellement, les entreprises doivent miser sur les droits de propriété intellectuelle puisqu'il est absolument indispensable que les produits et/ou services proposés par l'entreprise soient directement et immédiatement liés à leur marque, leur logo, leur code couleur ou encore leur univers et les valeurs qu'elles souhaitent porter.

Les marques, et les maisons de mode seront donc attentives à tous ces éléments, de la création des modèles, à leur promotion puis commercialisation, tant sur les réseaux sociaux que sur les podiums de défilés.

Frédéric Galinier,
directeur délégué de la Fédération de la Haute Couture et de la Mode

En 2008[24], la Fédération de la Haute Couture et de la Mode (alors appelée Fédération française de la Couture, du Prêt-à-Porter des Couturiers et des Créateurs de Mode) obtenait la reconnaissance de la protection d'un défilé de mode comme « œuvre de l'esprit », et voyait consacré son système d'accréditation, qui encadrait rigoureusement l'usage des photographies par les seuls photographes autorisés (seuls sept modèles pouvaient être diffusés aux seules fins d'information du public, et ce notamment pour limiter les risques de contrefaçon). Cette affaire a même été portée devant la Cour européenne des droits de l'homme qui n'y vit pas matière à censure.
Les principes demeurent, mais les temps ont bien changé. Et si les maisons de mode restent juridiquement souveraines quant aux modalités d'exploitation des images de leurs défilés, force est de constater la révolution que les réseaux sociaux ont entraînée sur les marques, et la formidable accélération du processus par l'épidémie de Covid-19 qui a conduit à l'installation d'une Paris Fashion Week® digitale, permettant depuis à chacun, dans le monde entier, de suivre les événements de son calendrier officiel heure par heure grâce à la diffusion de *Livestreams*.

24. Cass. 5 février 2008, RG 07-81.387.

Il convient en effet de rappeler qu'historiquement, un défilé de mode est de nature B2B. Il s'adresse à une communauté de professionnels tels que traditionnellement des journalistes et des acheteurs. Or, s'il est un point d'observation pertinent, c'est bien celui du premier rang des défilés, qui voit ces derniers trop souvent (à leur goût), passer au second voire au troisième, au profit de nouvelles communautés représentées par des influenceurs ou des célébrités qui, toutefois, n'ont pas toujours été élevées au rang d'égérie par les maisons qui les invitent et qui, affranchies de toute exclusivité, papillonnent de shows en présentations.
Ce prisme du si convoité *first row* permet de comprendre comment les défilés se sont grand ouverts au monde alors qu'autrefois, et pour reprendre les mots de la plaidoirie de Me Marembert devant la Cour d'appel de Paris, dans l'affaire citée plus haut, le défilé de mode ne constituait qu'une ouverture partielle de rideau sur l'univers des collections des maisons, qui seraient dévoilées ultérieurement et selon des modalités choisies au grand public dans leurs campagnes de communication ou leurs points de vente.
Et il n'aura au fond rien fallu d'autre comme instrument de démocratisation qu'un simple smartphone. Le digital, un temps craint par les maisons en ce qu'il implique un apparent « lâcher-prise » sur ce qu'elles ont de plus précieux, est devenu l'outil ultime permettant aux marques d'interagir direc-

tement avec leurs communautés, pour le meilleur s'agissant de leur développement économique, ou pour le pire lorsqu'elles se trouvent exposées à des *bad buzz* et à des raids organisés : le monde digital heurte sévèrement le réel lorsqu'il appelle au boycott.

Au centre de ces nouvelles stratégies, se trouvent les influenceurs, indispensables relais d'un discours sur commande, ou eux-mêmes créateurs de contenus rapportant leur « expérience vécue » lors d'une présentation de collections. Il y a ceux qui captent et retransmettent à leurs abonnés le passage des mannequins tandis que d'autres se filment en train de regarder les modèles défiler. Que l'on soit star de par son art ou célèbre grâce au volume de ses abonnés, l'enjeu principal est la communauté et son engagement, le partage et la fongibilité des notoriétés, qui dans les temps forts des dernières Paris Fashion Week®, ont permis de mesurer l'accroissement du MIV® (*media impact value*)[25] des événements au regard des présences de stars internationales récemment apparues sur les *front row*. Elles émanent actuellement davantage de la K-Pop telles que Jisoo chez Dior ou Jennie Kim chez Chanel quand l'an passé c'était Rihanna qui sublimait le premier rang du défilé Dior de son ventre arrondi dans une tenue sug-

25. Algorithme développé par Launchmetrics et qui analyse des données quantitatives et qualitatives pour déterminer et calculer la valeur de l'impact médiatique des actions marketing des influenceurs sur l'image d'une marque.

gestive et audacieuse. Il n'est pas rare d'observer, dans les minutes précédant l'ouverture du show, des célébrités échanger quelques mots puis mettre en scène des *stories* communes, assurant ainsi à la marque, et à leurs propres comptes, un accroissement instantané de visibilité.
Parmi les autres conséquences de l'amplification digitale de la résonnance des défilés, visibles dans le monde réel : des attroupements inédits à l'abord des défilés, rassemblant des centaines de fans qui suivent pas à pas le parcours parisien de leurs idoles via les stories Instagram ou Tik Tok.
Ce processus de starification marque les facteurs de réputation et d'identification chers aux marques dans leurs stratégies marketing. Les ambassadeurs, égéries et amis des maisons sont ainsi les témoins de la capacité d'une maison à réunir les personnalités et leurs communautés tout en représentant parfois un marqueur culturel fort.
Procédant d'une même intention se rapprochant, osons-le, d'un Art total, immersif et instagrammable, les scénographies des grands défilés sont confiées aux plasticiens les plus en vue ou à des *movies directors* internationaux, tandis que les collections elles-mêmes peuvent être placées sous la supervision d'artistes venus de la culture musicale à l'instar de Pharell Williams qui succède au regretté Virgil Abloh chez Louis Vuitton ou encore de la collection couture co-signée par

Olivier Rousteing et Beyonce pour Balmain ! Il est alors permis d'assumer un néologisme, celui de l'*artification* de la mode et de ses défilés.

3.
Consommation responsable : l'impact sur les marques

De l'engagement à la politisation

L'expression « image de marque » n'a jamais autant fait sens. Dans un monde où l'image et la communication ont pris une place prépondérante, il est parfaitement normal que les entreprises aient participé à ce mouvement. Et, se sachant regardées, celles-ci n'ont pas seulement travaillé leur image en surface, elles l'ont également (pour certaines) travaillé en profondeur, en prenant parfois des engagements forts et en les mettant de plus en plus au centre de leur développement.

Le but d'une entreprise est naturellement de réaliser un projet et donc de faire du profit et d'être rentable, mais, de plus en plus pour certaines d'entre elles, c'est également de faire du bien, ou encore de véhiculer des comportements sains. L'engagement d'une entreprise peut lui permettre de se démarquer de ses concurrents, ou bien de rassurer ou attirer des parties prenantes, dont les investisseurs, les clients et les consommateurs.

Naturellement, ce mouvement n'est pas totalement nouveau puisque depuis la première révolution industrielle, l'entreprise est l'un des moteurs économiques de la société. L'entreprise produit, vend, dégage un chiffre d'affaires, investit et innove. Elle génère un profit et est source de changements pour la société. Mais c'est plus particulièrement au lendemain de la Seconde Guerre mondiale que le concept de responsabilité sociétale des entreprises (RSE) se développe. Ce concept deviendra réalité durant la décennie 1980. La RSE a été définie par la Commission européenne comme l'intégration volontaire des entreprises de préoccupations sociales et environnementales à leurs activités commerciales et dans leurs relations avec les parties. Il s'agit donc d'un mouvement volontaire, choisi et conscient émanant des entreprises, sorte de *soft law*[26] qui, de par sa généralisation au sein de l'ensemble des secteurs et territoires, s'impose petit à petit et imprime un mouvement vertueux à l'économie. Les axes sont donc naturellement : la société, l'économie et l'environnement.

Dans ce sens, l'AFNOR (l'Association française de normalisation) est l'organisation française qui représente la France auprès de l'Organisation internationale de normalisation et du Comité européen de normalisation. Ils proposent un standard, dit ISO 26 000, qui structure la démarche RSE afin que celle-ci ne s'arrête pas à la seule

26. Norme non contraignante.

définition d'une stratégie mais se décline véritablement en actions concrètes suivies d'effets.

Cette norme ISO 26 000 est à ce jour l'unique norme internationale dédiée à la RSE, elle est donc une source importante pour notre appréhension du concept. Ses lignes directrices préconisent une lecture du sujet en sept questions centrales afin d'adopter « un comportement qui soit socialement responsable et respectueux de l'environnement » :

– la responsabilité de rendre compte,
– la transparence,
– le comportement éthique,
– le respect des intérêts des parties prenantes,
– le respect du principe de laïcité,
– le respect des normes internationales de comportement,
– le respect des droits de l'Homme.

Cette norme est enfin superposable à la grille de lecture proposée par les Objectifs de développement durable des Nations Unies.

L'ensemble offre donc un cadre pouvant se transposer à tout type d'organisation (grandes entreprises, petites entreprises, collectivités, ONG, syndicats, etc.), quel que soit son secteur d'activité. Grâce à celui-ci, les organisations adoptent des comportements transparents et éthiques, ayant pour but de contribuer au développement durable, y compris à la santé et au bien-être de la société, mais aussi de prendre en compte les attentes des parties prenantes, en respectant les lois en vigueur.

La dimension éthique devient donc un levier de performance globale des entreprises. Longtemps laissées hors des champs des débats, ces dernières ont finalement été placées dans le viseur médiatique puis dans celui des réseaux sociaux, les menant *in fine* à prendre les devants en s'imposant à elles-mêmes des comportements vertueux. Au-delà des entreprises, ce sont les marques qui s'engagent car les actes les définissent auprès des consommateurs.

L'on voit ainsi apparaître le « design responsable » présentant les préoccupations environnementales, les conditions de travail, etc. comme autant d'arguments de vente.

Delphine Sarfati-Sobreira,
directrice générale de l'Union des fabricants (Unifab)

L'environnement est l'une des préoccupations majeures de la société actuelle. Nombreuses sont les prises d'initiatives destinées à protéger la planète et faire en sorte de protéger cette terre, qui, finalement, est la propriété de tous.
En Europe, 80 % de la jeune population se déclare investie dans ce combat pour tenter de réduire drastiquement les impacts néfastes de la société de consommation, et assurer aux générations futures un espace sécure avec un réchauffement climatique supportable, sans épuisement des ressources naturelles, et en limitant la pollution qui est grandissante depuis un bon nombre d'an-

nées. Cette jeunesse doit faire preuve d'imagination pour surmonter les nombreuses entraves qui se dressent sur le chemin de cette quête, d'initiatives concrètes pour convaincre le monde économique que cette voie n'est plus optionnelle, et de démonstration permanente pour que l'ensemble des consommateurs prennent conscience de cette nécessité et modifient leur comportement.
Mais quel lien avec la contrefaçon ? La contrefaçon est devenue, depuis quelques années, un obstacle de plus en plus imposant à la réussite de la sauvegarde environnementale pour de nombreuses raisons.
Tout d'abord, elle est fabriquée à des milliers de kilomètres des pays dans laquelle elle est commercialisée. En effet, elle est désormais envoyée directement par le fabricant, souvent de Chine, aux consommateurs, souvent européens, et donc acheminée individuellement par voie aérienne, démultipliant ainsi les envois dans des petits colis, avec un bilan carbone désastreux. Cette tendance complexifie d'ailleurs la tâche des agents opérationnels de la douane, responsables des contrôles aux frontières, qui sont confrontés à l'obligation de s'adapter aux modes opératoires des contrefacteurs en inspectant, non plus des gros conteneurs avec des milliers de pièces, mais des milliers de petits paquets résultant d'achats en ligne. En 2022, ce sont 11,53 millions de contrefaçons qui ont été saisies, dont plus de

30 % ont été effectuées dans les centres de tris postaux !

La fabrication des faux produits est également une source infinie de déversements sauvages de déchets dans la nature - déversement dans les rivières, enfouissement dans le sol - ce qui entraîne inéluctablement une pollution de l'air, de l'eau et des sols. Force est de constater que les contrefacteurs font fi des précautions les plus basiques pour s'enrichir. Ils ont par ailleurs souvent recours à des matériaux de mauvaise qualité pour réduire les coûts de production, ce qui peut entraîner une augmentation de la consommation de ressources naturelles et une pollution accrue qui porte atteinte à la santé et la sécurité des utilisateurs, car ils ne correspondent pas aux standards normés et vertueux.

Enfin, et pour toutes ces raisons évoquées, le recyclage des contrefaçons n'existe pas. Il serait impensable de mettre dans une chaîne de recyclage un produit potentiellement dangereux qui risquerait de tout contaminer et remettre en cause tout le procédé d'un recyclage sain. On est donc aux antipodes des engagements pris par les entreprises légales qui fabriquent des biens selon des normes spécifiques et un procédé respectueux de l'environnement.

Le travail acharné des titulaires de droits pour endiguer ce fléau est, économiquement et socialement, gigantesque. Ces efforts doivent se mesurer et s'évaluer dans tous les domaines y compris celui de la protection de la planète, et trouveraient tout à fait leur place dans leur bilan RSE, car elles contribuent à lutter contre ces atteintes. Ce lien, bien que difficile et complexe à établir, maintenant qu'il n'est plus à démontrer, doit être connu de tous. La création et l'innovation sont des moteurs économiques essentiels qui contribuent à l'explosion, ou tout au moins l'entretien, du patrimoine intellectuel d'une nation. S'attaquer à la demande pour tarir l'offre est une priorité absolue qui doit figurer en premier plan sur la liste des priorités des gouvernements.

Plusieurs réponses et solutions à cette problématique sont envisageables, notamment en sensibilisant l'ensemble des consommateurs, et ce dès le plus jeune âge, pour que cette nouvelle génération d'acheteurs n'adopte pas un comportement qu'elle condamne. Une autre opportunité d'évolution se situerait au niveau législatif – à l'heure où les gouvernements du monde entier se mobilisent pour parer l'épuisement des ressources pour une meilleure protection écologique –, le législateur doit avoir conscience que cette activité illicite, encore trop souvent considérée comme anodine, est un facteur plus que déterminant dans la dégradation de la planète. Les travaux menés actuellement par la Commission européenne en attestent, notamment avec le règlement « déchets et déchets d'emballage », qui en sont le parfait exemple. Cette directive, devenue urgente et nécessaire, aborde cette problématique sous le prisme du contenant. Elle ne doit cependant pas exclure le droit de la propriété intellectuelle, qui représente un gage de qualité et le fondement de l'identité même d'une marque, en favorisant la standardisation. La minimisation des emballages est la réponse adéquate, en excluant bien sûr l'emballage dit primaire qui concerne, par exemple, les flacons de parfum ou les bouteilles de vins et de spiritueux. Celui-ci doit être considéré comme une extension du produit car il constitue une composante majeure de la décision d'achat pour les consommateurs.

Chaque être humain a, à son niveau, un rôle à jouer. Les médias doivent aussi y participer activement pour une diffusion plus active de l'information, car, s'il est important de sensibiliser à la fois les entreprises et les consommateurs aux risques environnementaux associés aux produits contrefaisants, ils doivent aussi transmettre que lutter contre ce fléau pour protéger l'environnement c'est aussi promouvoir une économie durable.

De la communication à la politisation

Les médias jouent un rôle essentiel dans la diffusion de l'information et dans la façon dont les entreprises et les marques sont perçues par le public. Ils peuvent donc avoir un impact significatif sur la perception des changements opérés tout comme leur mise en œuvre, par exemple en mettant en lumière les pratiques responsables des entreprises afin d'encourager les autres à suivre leur exemple, en faisant pression et/ou en dénonçant les entreprises pour qu'elles améliorent leurs pratiques lorsqu'elles ne sont pas conformes aux normes sociales et environnementales.

Les médias ont également leur propre responsabilité en matière de RSE puisqu'ils doivent s'assurer de fournir une information fiable, équilibrée et objective sur l'ensemble des sujets traités ; ils peuvent ainsi contribuer à sensibiliser le public à ces enjeux.

La RSE et les médias sont étroitement liés. Ensemble, ils peuvent contribuer à un développement économique plus durable et à la création d'une société plus juste et équitable.

**Bernard de la Villardière,
journaliste et fondateur du nouveau
média vidéo *Réel***

Le monde est à la croisée des chemins. Ce n'est certes pas la première fois de son histoire mais chacun s'accorde à reconnaître que cette fois-ci l'heure est particulièrement grave. Face au retour de la guerre totale, face à la progression des organisations terroristes et mafieuses, face enfin au changement climatique, la bonne volonté des états démocratiques ne suffira pas. D'autant qu'ils voient leur légitimité contestée par le retour en force d'idéologies mortifères. Elles s'épanchent sans retenue via les chaînes satellitaires et plus récemment via les réseaux sociaux. On croyait à l'avènement d'un monde global mu par un même idéal de fraternité humaine. Or, c'est une impression de chaos qui domine. La complexité du monde nourrit préjugés et obscurantismes encouragés par les bulles cognitives et cette inclination trop humaine à se soumettre aux idées simples, voire simplistes. L'irrationalité l'emporte et il n'est pas certain que l'IA, cette intelligence sans conscience, soit capable à court terme d'inverser la tendance.

Alors la bataille est-elle perdue ? Nous faudra-t-il choisir bientôt entre deux types de sociétés, l'un libertaire et individualiste et l'autre collectiviste et tyrannique ? Nous faudra-t-il choisir en somme, entre le parc d'attractions et une terre de djihad ?

La priorité mise actuellement autour de la nécessaire diminution de l'empreinte carbone pour lutter contre le réchauffement climatique ne doit pas nous faire oublier qu'il y a bien d'autres défis à relever pour réparer le monde. Les médias jouent évidemment un rôle crucial. Ils doivent réunir plutôt que diviser. Donner à comprendre plutôt que juger. Je me souviens de cette injonction de Pierre Nora, il y a une quinzaine d'années, devant une promotion de jeunes diplômés en journalisme : « soyez et restez journalistes : ne devenez pas des média men ». L'info « people » faisait ses premiers ravages. L'obsession de l'audience fourbissait ses premiers outils aux dépens de l'exactitude et de la hiérarchisation de l'information.

Depuis près de vingt ans, j'ai la chance de parcourir le monde pour M6 et l'émission Enquête Exclusive.

J'ai pu vérifier sur tous les continents que les fondamentaux de la nature humaine sont le conservatisme et la peur dictés par l'instinct de conservation. Que toute société fonctionne sur des tabous et des repères forgés au fil des siècles. Qu'il n'y a pas de peuple sans histoire et sans territoire. Que le courage de quelques-uns suffit parfois à bouger des montagnes d'injustice. Ils restent les piliers de sociétés menacées par l'individualisme et la dictature de minorités qui voient midi à leur porte.

Pour réparer le monde, les marques ont également un rôle essentiel à jouer. Car les entreprises ne sont pas de simples agents économiques comme elles l'ont longtemps prétendu. Elles reconnaissent aujourd'hui, à travers la thématique de la RSE, jouer un rôle majeur dans leur environnement et dans la cité. La question du développement durable aura été le cheval de Troie ayant permis de changer le capitalisme de l'intérieur. Dans les tours de verre des grandes sociétés internationales, les salariés et les agences de notation ont pris davantage de pouvoir face à celui des actionnaires. Les résultats extra-financiers sont d'ores et déjà des indicateurs essentiels de la valeur d'une entreprise. Créer du sens, tisser des liens entre les hommes et leur donner l'envie d'agir ensemble pour le bien commun deviennent, d'année en année, les nouveaux fondamentaux de la vie des entreprises. C'est à cette condition qu'elles recrutent de nouveaux talents et conservent les meilleurs éléments. Affronter les dangers et relever les défis qui se présentent à nous exigent un changement de paradigme. Nous n'y parviendrons pas en pratiquant l'anathème, la posture et la division.

C'est la raison pour laquelle j'ai créé au printemps 2023 un média délibérément tourné vers les acteurs de changement et les bâtisseurs du monde d'aujourd'hui et de demain. Voilà trente ans que je parcours la planète. Elle ne cesse de m'impressionner par sa diversité, par l'énergie et le courage de ceux qui l'habitent. C'est sur cette énergie et cette inventivité de tous les jours qu'il faut parier pour dépasser ces temps de doute et de crises multiples. Alors que six Français sur dix se déclarent le plus souvent stressés ou déprimés par l'information, Réel média veut leur redonner des raisons d'espérer en mettant en valeur l'esprit d'innovation, d'engagement et de solidarité et toutes les initiatives porteuses de solutions, qu'elles soient prises par des citoyens, des ONG, des artisans, des agriculteurs ou des entreprises, petites ou grandes. À travers des reportages et des interviews, Réel média promeut ce qui nous rassemble, explore les nouveaux modes de vie et les mille sentiers de l'avenir.

Émergence de nouveaux modes de production : exemple de l'upcycling

On parle d'*upcycling* lorsqu'un produit invendu neuf ou d'occasion (accessoire de mode, vêtement, etc.) est retravaillé afin de lui donner une nouvelle valeur et pouvoir le réintroduire sur le marché. Dans le secteur de la mode, les maisons achètent ainsi des invendus ou des fins de série/de rouleaux pour en faire de nouveaux produits mis à disposition des consommateurs finaux. L'*upcycling* se distingue ainsi de la seconde main, revente du produit existant sans aucun re-travail second, du réemploi, opération par laquelle un produit est donné ou vendu par son propriétaire initial à un tiers qui lui donnera une seconde vie, mais également du recyclage, pratique qui consiste à détruire le produit, reformer une matière première et pouvoir enfin recréer un produit à partir de cette matière première secondaire.

Malgré tout cela, l'*upcycling* reste inconnu du vocabulaire français, mais également du droit français qui n'appréhende pas encore pleinement cette notion.

Pour autant, on trouve des prémisses de l'*upcycling* dans des normes françaises datant des années 1990, notamment celles relatives au traitement des déchets, posant le principe de la responsabilité élargie des producteurs (le principe du pollueur payeur était ici appréhendé de la manière suivante : tout producteur qui met un produit sur le marché doit en payer les conséquences, et ce jusqu'à la fin de vie de ce produit).

Ainsi concrètement dans le secteur de la mode depuis déjà près de trente ans et sans le nommer, le droit des déchets appréhende déjà la valeur économique de l'*upcycling* puisque tous les producteurs importateurs de mode sont rassemblés dans une association et payent une taxe « eco contribution » en fonction du nombre de produits mis sur le marché, et des valeurs écologiques de ces produits introduits sur ce marché. Ces normes ont à tout le moins la vertu d'obliger les producteurs importateurs à prendre en compte l'éco-conception de leurs produits à la base de la conception de ces mêmes produits, et si ce n'est pas par conviction, au moins d'un point de vue financier.

Plus récemment, en 2017, le « devoir de vigilance » est apparu dans la législation française. Il s'agit d'une obligation pour les entreprises de regarder et de comprendre leurs chaînes de production. Le droit incite ainsi à la relocalisation et à la prise en compte de l'aspect local et éthique de l'*upcycling*.

Encore plus récemment, la loi AGEC (loi Anti-gaspillage pour une économie circulaire, promulguée le 10 février 2020) définit l'économie circulaire et fixe comme un objectif partagé des puissances publiques le « dédouanement de l'économie linéaire et du développement durable ». On s'éloigne donc des modèles de production infinis même si ceux-ci sont dits durables. On ne crée plus, ou moins, et on utilise ce qui existe.

Cette loi AGEC met notamment en place :

– une obligation pour les producteurs de mode de mettre à disposition du consommateur une fiche technique par produit afin de le guider dans des choix plus responsables et plus vertueux,

– une interdiction pour le producteur de biens de la consommation de détruire les invendus non alimentaires. Jusque-là, il était en partie licite d'envoyer les stocks à la déchetterie avec de simples pratiques de pénalités et d'éco-taxes en contrepartie. Désormais c'est tout bonnement interdit. Il faut donc passer par une hiérarchie d'alternatives, dont le don, l'*upcycling*, etc.

La loi impose désormais aux créateurs de penser à une logique d'*upcycling* dans la production même de leurs collections.

Au niveau européen, une proposition de règlement « établissant un cadre pour la fixation d'exigences en matière d'éco-conception applicables aux produits durables[27] » est actuellement en discussion, il viendra remplacer la directive existante, qui datait de 2009[28], et élargira le champ d'application des exigences fixées en matière de durabilité environnementale pour y inclure presque tous les types de biens mis sur le marché de l'Union européenne (UE). Il établira ainsi notamment un « passeport numérique de produit » et fixera des règles concernant la transparence sur la destruction des biens de consommation invendus mais également sur l'interdiction de cette pratique pour certains de ces biens.

Certaines marques n'ont toutefois pas attendu les dernières évolutions législatives pour prendre la question de l'*upcycling* à bras le corps. Comprenant qu'elles pouvaient se doter du pouvoir de jouer un rôle de premier plan dans la société, elles se sont pleinement impliquées, ont développé le modèle qui correspondait à leur vision du

27. Dossier interinstitutionnel : 2022/0095 (COD). Proposition de règlement du Parlement européen et du Conseil établissant un cadre pour la fixation d'exigences en matière d'éco-conception applicables aux produits durables et abrogeant la directive 2009/125/CE, Orientation générale.

28. Directive 2009/125/CE du Parlement européen et du Conseil, du 21 octobre 2009, établissant un cadre pour la fixation d'exigences en matière d'éco-conception applicables aux produits liés à l'énergie.

monde et sont devenues politiques de fait. Les consommateurs ont suivi le mouvement, et se sont emparés du rayonnement de ces marques, de leur pouvoir et ont à leur tour contribué à l'essor de ces nouvelles convictions.

Non sans conséquences sur les stratégies marketing, les marques et les dirigeants doivent désormais s'adapter et embarquer les nouveaux consommateurs (et parfois les influenceurs). Il ne s'agit pas simplement de vendre, il faut aussi agir, s'engager et communiquer. Les fondateurs de certaines marques font ainsi de leurs convictions personnelles et de leurs engagements politiques le cœur de leur *business model*, et surtout le cœur de leur inspiration artistique. Il en est ainsi de la créatrice de mode et couturière à la tête de la maison de mode éponyme Marine Serre, qui a fait de son engagement ferme pour l'*upcycling* un véritable atout à la fois créatif, de communication et d'identification de sa désormais célèbre marque lune.

La marque, la RSE et la captation de nouveaux marchés

Certaines entreprises ont donc pris ces questions à bras le corps avant même les premières législations. C'est le cas du groupe Kering qui indique avoir adopté depuis plus de vingt ans une approche prospective et pratique pour envisager un luxe responsable, rendu possible par l'élaboration d'une vision long terme de l'entreprise. Lors de la dernière édition des Assises juridiques de la mode, du luxe et du design[29], la directrice développement durable et des affaires institutionnelles de Kering a proposé une présentation du modèle du groupe. Le groupe a ainsi adopté une méthode dite métrique qui s'apparente à un compte de résultat pour l'environnement. Cela permet par exemple de remonter très en amont du *process* de création jusqu'aux champs de coton, à l'élevage des bovins, la pollution de l'air, la prise en compte de la biodiversité, etc., et finit par mesurer l'empreinte carbone du processus de production en entier. En règle générale, les réglementations légales n'obligent pas la prise en compte de l'ensemble de ces paramètres. Kering a décidé d'aller plus loin pour avoir une vision globale. *In fine*, cette donnée métrique est convertie en euros, afin d'avoir à proprement parler un « coût environnemental » qui devient un outil de pilotage pour l'entreprise en ayant un regard efficient à la fois environnemental et financier.

Par la mise en place d'un tel système le groupe Kering y trouve aussi un intérêt puisque, en plus d'être en adéquation avec les normes, celui-ci tente également de l'être avec les mœurs actuelles, particulièrement celles des gen Z ou des millenials qui d'une part sont très au fait de ces questions, et d'autre part, représentent près de la moitié de la clientèle des marques du groupe.

On constate ainsi l'avènement d'entreprises qui ont littéralement pour modèle économique ces modes de consommation à l'instar de Vinted, qui, même en ayant un impact carbone (notamment lié aux livraisons) qui est loin d'être négligeable, est devenue très rapidement n° 1

29. Edition du 9 mars 2023.

de la seconde main. Le modèle de Vinted ne repose pas sur la fabrication de produits, mais bien sur la valorisation de produits existants ; il séduit un public particulièrement jeune puisque près de 60 % des utilisateurs seraient âgés de 18 à 29 ans[30].

On voit donc émerger de nouveaux modèles complexes qui reposent à la fois sur l'économie linéaire classique (fabriquer, vendre puis jeter) et qui incluent désormais également l'économie circulaire (rien ne se perd). Pour autant, ni le droit français, ni plus largement les législations étrangères n'appréhendent pour le moment pleinement ces évolutions, ce qui peut être perçu comme une source d'insécurité juridique, ou bien, au contraire, comme une opportunité pour ces nouveaux acteurs de contribuer à l'avènement de normes qui correspondent réellement à leurs besoins.

La marque et le développement durable

Outre la RSE, le développement durable est le second volet d'engagement des entreprises. Il se définit comme toute action devant respecter simultanément les enjeux économiques, sociaux et environnementaux, afin de permettre aux individus de tirer parti des richesses communes sans compromettre les usages et droits des futures générations. Depuis plus d'une vingtaine d'années, la RSE traduit les enjeux du développement durable. La

30. Selon un article du *Monde*. Juliette Garnier, « La France, meilleure cliente de Vinted, site de vente en ligne de vêtements d'occasion », 2019. https://www.lemonde.fr/

responsabilité sociale des entreprises est une contribution des marques aux enjeux du développement durable. La marque devient un enjeu, un engagement, un espace voire un forum pour les sujets extra-financiers. Des multinationales aux TPE, les parties prenantes, celles qui portent la marque au sens large, y sont encore et toujours plus attentives.

Les tollés soulevés, par exemple, à l'occasion de la tenue d'événements sportifs en sont la traduction la plus visible. Citons pour exemples les appels au boycott à l'encontre de Nike ou encore la dénonciation du bilan carbone de la caravane du Tour de France – qui équivaudrait selon certaines estimations à plus de 100 000 allers-retours en avion Paris-New York pour une seule personne. Les marques associées à ces manifestations sportives ou aux sportifs reflètent les prises de position des consommateurs qui vont s'exprimer avec force.

Les entreprises titulaires des marques (et donc des droits) suivent ou doivent suivre avec attention l'expression de ces points de vue qui sont le reflet des enjeux de l'entreprise devenue citoyenne. Ces prises de position sont d'autant plus sensibles que les revenus de certains groupes dépassent de très loin les produits intérieurs bruts de nombreux États ce qui, selon eux, leur permettrait de s'affranchir de certaines règles, de certaines contraintes et de certains devoirs. Meta en est l'un des exemples.

Le consommateur, le dirigeant et les parties prenantes assignent plusieurs objectifs à la marque. Ces acteurs se sont octroyé plusieurs fonctions, allant au-delà de leur simple objet économique, ils les transfèrent à la marque dont le rôle sort grandi mais fragilisé parfois.

Les choix directs des marques ne sont pas les seuls scrutés par les consommateurs, et il arrive désormais fréquemment que celles-ci soient mises en cause du fait des choix/actions de leurs ambassadeurs – désormais souvent des influenceurs. La réputation de l'un influe sur la réputation de l'autre avec les *up and down* et viralités que l'on connaît. Il ne s'agit donc pas uniquement pour les marques de s'assurer que leurs partenaires ne font l'objet d'aucune condamnation ou même d'action en justice, la justice médiatique et économique, qui est bien plus rapide et bien moins prompte au respect du contradictoire, constitue désormais une forme de tribunal (tout le monde se souviendra ici des *bad buzz* nés à la suite des frasques de John Galiano, ou encore des déclarations polémiques de Kenny West ou plus largement, des comportements hasardeux de nombreux candidats issus de la téléréalité).

Il s'agit donc pour les marques de questions de stratégies : à qui confier la promotion de son image, à qui s'associer pour la promotion de ses produits, etc. S'agissant des influenceurs à proprement parler une loi « visant à encadrer l'influence commerciale et à lutter contre les dérives des influenceurs sur les réseaux sociaux » a été adoptée le 9 juin 2023[31], avec une volonté d'encadrer « les pratiques » du secteur sur les réseaux sociaux et de mieux protéger les consommateurs. Partant du

31. Loi n° 2023-451 du 9 juin 2023 visant à encadrer l'influence commerciale et à lutter contre les dérives des influenceurs sur les réseaux sociaux.

constat que rien ne régulait alors les relations entre les influenceurs et les marques, il a notamment été convenu l'obligation d'apposer la mention explicite de la finalité publicitaire du contenu diffusé en ligne. Les personnes répondant à la catégorie « d'influenceurs » au sens de la loi sont ainsi tenues d'apposer les termes « Publicité » ou « Collaboration commerciale » dès lors qu'elles font la promotion d'un bien ou d'un service. Les sanctions en cas de non-respect de ces règles sont relativement importantes et peuvent ainsi aller jusqu'à deux ans d'emprisonnement et 300 000 euros d'amende (article 5 de la loi susmentionnée). Cette même loi prévoit enfin un cadre légal relatif à l'activité d'agent d'influenceur (article 7 et suivants) et pose notamment le principe d'impératif de conclure un contrat écrit (article 8 de la loi).

Le législateur prend donc peu à peu la mesure de ces nouvelles pratiques, et tente d'appréhender ces nouvelles méthodes de communication, de promotion des produits et services, et *in fine*, de vente.

May Berthelot,
journaliste, influenceuse spécialisée dans le luxe et la mode et directrice de la lutte anti-contrefaçon (Vinted)

Faire de l'influence, être une influenceuse ? La nouvelle définition juridique serait « toute personne physique ou morale qui mobilise sa notoriété pour communiquer au public par voie électronique des contenus visant à faire la promotion directement ou indirectement de biens, de services ou d'une cause quelconque, en contrepartie d'un bénéfice économique ou d'un avantage en nature dont la valeur est supérieure aux seuils fixés par décret, exerce l'activité d'influence commerciale par voie électronique ».

À mon sens, être influenceuse est bien plus que cela et cette définition est pour le moins restrictive. Influencer, c'est avant tout créer du contenu, partager au quotidien avec une communauté grandissante sur les sujets qui nous font envie et accessoirement faire de la publicité. Et lorsque la notoriété prend de l'ampleur, il est aussi important de montrer l'exemple. Derrière nos smartphones, il est parfois compliqué d'avoir conscience de l'impact que nous pouvons avoir sur les personnes qui nous suivent. De ce fait, il est important de toujours garder en tête que les réseaux sociaux ne sont pas des « zones de non-droit » et qu'il faut justement profiter de notre influence pour faire passer les bons messages.

Du côté des consommateurs, il est primordial d'utiliser son esprit critique : comme toutes les publicités, tout n'est pas bon à prendre. Rien ne vous force à suivre tel ou tel influenceur, vous êtes libres de choisir le contenu qui vous plaît. La création de contenus est un véritable métier qui requiert beaucoup de temps et de travail et c'est à travers les publicités que les influenceurs sont rémunérés afin de pouvoir vivre de leurs activités. Si un contenu vous choque ou semble être interdit, sachez qu'il est toujours possible de le signaler. En revanche, n'oubliez pas que le travail d'un influenceur est de vous faire rêver et que bien souvent, tous les côtés (extrêmement) négatifs de son métier ne seront pas mis en avant, entraînant des dénonciations abusives basées sur la jalousie.

Du côté des influenceurs, il me semble important de reconnaître la chance et la puissance dont nous disposons pour communiquer largement auprès du public. Logiquement, cela entraîne aussi une certaine responsabilité sur ce que nous partageons. De manière générale, avant d'engager son image avec une marque, il est nécessaire de réfléchir : est-ce que ce produit porte atteinte à des droits de propriété intellectuelle ? Ai-je le droit de faire de la publicité pour ces types de produits ? Tout commence par le bon sens. Avant tout, c'est votre image et votre légitimité que vous mettez en jeu sur chaque partenariat.

Du fait d'abus généralisés (atteintes au droit de la consommation et vente de contrefaçons à foison notamment) par une poignée d'influenceurs, c'est toute la profession qui est désormais diabolisée. Ce cadre juridique semble « sonner la fin de la cour de récréation », pour un avenir meilleur et l'utilisation de notre influence pour les bonnes raisons : l'effort doit être commun.

La marque et le temps

Les marques doivent désormais avoir conscience que lorsqu'elles agissent, et d'autant plus lorsqu'elles agissent au-delà de leur champ de compétences et de leur objet économique, elles assument un rôle dans la société.

Au-delà des strictes règles de propriété intellectuelle, le titulaire d'une marque aura le souci d'englober dans sa réflexion de positionnement le corpus de réglementations. Mais également les évolutions sociales/sociétales qui, prises en compte en amont, permettent de prévoir et d'anticiper les futures réglementations. Et celles-ci sont nombreuses (pour quelques exemples : devoir de vigilance, *compliance*, conformité, lutte anticorruption, le règlement général sur la protection des données [RGPD]). Ces réglementations affectent énormément l'image de la marque qui doit en tenir compte, notamment en réfléchissant à une stratégie de positionnement sur le marché.

La marque contrairement aux idées reçues dispose de temps, un temps long pour, après avoir été adoptée puis appropriée par le consommateur, se développer et véhiculer ses valeurs. Elle est inspirante, projette un désir. Elle est témoin de son temps, de son environnement politique et géopolitique, économique et enfin juridique.

L'investissement du créateur, du titulaire des droits, doit prendre en considération l'univers légal et réglementaire, en droit interne comme en droit européen. L'explosion normative a un impact immédiat sur les marques et leur développement. Le législateur cherche en effet toujours plus de protection pour le consommateur, parfois au détriment de la liberté d'entreprendre des entreprises. Dans tous les cas, ce sont des obligations normatives qui doivent être appliquées par les titulaires de droit. On connaissait par exemple déjà depuis longtemps l'obligation d'indiquer la composition des produits de manière à informer le consommateur, mais certaines réglementations sont allées plus loin dans la protection des consommateurs.

Un équilibre des droits difficile: l'exemple du paquet neutre

En la matière, le sacrifice le plus emblématique est sans doute celui des industriels du tabac dont les droits et libertés sont diminués depuis les années 1990 avec la loi Evin, à laquelle ont succédé pléthore de textes nationaux et européens, dont la réglementation paquet neutre en 2016, qui a réduit à peau de chagrin les prérogatives des titulaires de marques de tabac sur les cigarettes et le tabac à rouler.

Il a en effet été rendu obligatoire l'usage d'un emballage standardisé, dénué de tout logo ou image commerciale (l'objectif étant ainsi de minimiser les effets des emballages attrayants sur les consommateurs, en particulier les jeunes, et de promouvoir une image plus négative du tabagisme).

Mais les exigences réglementaires ne se sont pas arrêtées là, puisque dès 2017 le gouvernement français annonçait vouloir interdire les marques de tabac dûment enregistrées et valides, qualifiées par ce dernier d'attractives, telles que « Vogue », « Parisienne », « Allure » ou encore « Café Crème » et ce, de manière tout à fait discrétionnaire, et sans pour autant démontrer le caractère attractif des signes en cause et surtout sans souligner dans quelle mesure ce prétendu caractère attractif serait néfaste pour l'objectif de santé publique, qui plus est depuis l'instauration du paquet neutre.

Si pour l'heure, à la suite d'un feuilleton judiciaire, le gouvernement français a renoncé à mettre en place une telle interdiction, le risque subsiste et pourrait affecter tous les titulaires de marques dont le produit désigné pourrait avoir un lien, direct ou indirect, avec un objectif de santé publique. En effet le Conseil constitutionnel en 2020, a consacré la protection de l'environnement au rang « d'objectif de valeur constitutionnel », rappelant à cette occasion que la protection de la santé était elle aussi élevée à ce rang.

De cela, il résulte désormais une nécessité pour les tribunaux confrontés à la question, de concilier plusieurs objectifs de même rang et parfois antagonistes (ainsi pour le tabac notamment la protection de l'environnement, la protection de la santé mais aussi l'exercice de la liberté d'entreprendre).

La pratique européenne dite de balance des intérêts tend ainsi à se démocratiser et à devenir le mode de résolution des litiges en droit français. Il s'agit pour le juge de mettre en balance différents droits du même ordre (par exemple liberté d'entreprendre, protection de l'environnement ou encore protection de la santé) et d'en faire prévaloir un sur les autres en fonction des situations. Des restrictions peuvent ainsi être apportées à un droit dès lors que celles-ci 1) répondent effectivement à un objectif d'intérêt général et 2) ne constituent pas, au regard du but poursuivi, en une intervention démesurée et intolérable qui porterait atteinte à la substance même du droit garanti.

Là où le bât blesse, c'est que les droits tels que celui de propriété intellectuelle ou les libertés telles que celle d'entreprendre sont de plus en plus sacrifiés sur l'autel de la protection de la santé publique, sans que le législateur ou la juridiction sur qui repose l'arbitrage n'ait véritablement mis en balance les intérêts, ni évalué la nécessité d'une telle atteinte et encore moins son efficacité. Pourtant, l'interdiction d'un titre de propriété sans fondement légal mais sur la discrétion d'un gouvernement quant à l'attractivité d'un signe revient à une expropriation indirecte et illicite.

De plus, le critère d'attractivité ou plutôt la non-attractivité d'une marque ne figure pas parmi les critères légaux pour qu'une marque soit valablement enregistrée. Bien au contraire, une marque doit être distinctive. Or, la définition même de cette condition implique une certaine attractivité du signe, attractivité d'ailleurs appréciée par les juridictions pour évaluer l'atteinte à une marque. Interdire une marque car elle est attractive va donc à rebours du droit des marques qui valorise justement la distinctivité d'un signe et son pouvoir attractif. Le gouvernement français a donc fait un choix politique en faisant primer un objectif de santé publique sur les droits antérieurs des titulaires de marques.

L'insécurité pour un industriel qui souhaite détenir un actif immatériel et marketing tel qu'une marque est donc double : d'abord au moment de l'enregistrement de la marque, pendant la période d'examen, puis à chaque nouvelle loi ou décret ayant trait à l'industrie en cause. L'objectif de santé publique pourrait alors devenir un bouclier face à des produits, pourtant légaux, mais désignés comme dangereux pour la santé et permettant ainsi à un gouvernement de justifier l'interdiction d'un droit de propriété intellectuelle, au motif que celui-ci serait attractif, étant précisé que ce critère reste subjectif faute d'avoir été défini. Ainsi, qu'en sera-t-il des marques désignant de l'alcool dans le cadre de la lutte contre l'alcoolémie, des marques dont les produits contiennent du sucre sous l'égide de la lutte contre l'obésité ou encore des marques de voiture à l'aune du nouvel objectif de valeur constitutionnelle de protection de l'environnement ?

Les titulaires de marques, tous secteurs confondus, doivent ainsi être particulièrement vigilant aux différentes évolutions législatives et jurisprudentielles, afin d'une part de se conformer aux nombreuses réglementations y afférents, et d'autre part de prendre part aux débats afin d'éviter une généralisation d'une telle pratique.

Cette balance des intérêts se retrouve également lorsque de nouveaux produits, dont on sait encore peu de choses notamment du fait du peu d'études disponibles, apparaissent sur le marché.

L'exemple du CBD

À titre d'exemple, il est quasiment impossible d'ignorer l'émergence de nouvelles boutiques dédiées ou proposant des produits à base de cannabidiol (ou CBD). Dans les plants de cannabis sont notamment présentes deux substances : le THC, un psychotrope inscrit en France sur les listes des produits stupéfiants et donc interdit à la commercialisation, et le CBD qui n'a pas d'effet psychotrope, ne provoque pas de dépendance, et n'est donc pas considéré à ce jour comme un produit stupéfiant.

Un flou existait jusqu'ici quant à une éventuelle commercialisation de produits à base de CBD. La législation française énonçait en effet que ne pouvaient être proposés à la vente que les produits extraits des fibres et graines de plantes limitativement identifiées (dont le Sativa L), et si le produit final contenait moins de 0,3 % de THC. Pourtant, il était à la fois interdit de fabriquer les produits en France et interdit de les importer de pays tiers. La vente de produits à base de CBD était donc, de fait, impossible en France.

Une décision de la Cour de justice de l'Union européenne du 19 novembre 2020[32] a affirmé, sur le fondement de la libre circulation des marchandises, qu'un pays ne pouvait pas, par principe, interdire l'importation de produits contenant du CBD, si ceux-ci étaient légalement produits dans un autre pays de l'Union européenne. La Cour de cassation, dans deux décisions de 2021[33], a confirmé cette position.

32. TUE, 19 nov. 2020, aff. C663/18.
33. Cass, 15 juin 2021 n° 18/86.932 ; Cass, 23 juin 2021 n° 20/84.212.

À partir de ce jour, la France ne pouvait plus interdire par principe l'importation sur le sol français de marchandises à base de CBD lorsque celles-ci contenaient moins de 0,3 % de tétrahydrocannabinol (THC), étaient extraites de plantes limitativement identifiées, étaient produites légalement dans un pays de l'Union européenne. Enfin pour parfaire ces différentes réglementations, au mois de décembre 2022, le Conseil d'État a annulé l'arrêté du 30 décembre 2021 interdisant de vendre des fleurs et feuilles de cannabis ayant un taux de THC inférieur à 0,3 %.

Désormais dans tous les domaines du droit, de nouvelles législations fleurissent jusqu'à inonder tous les pans de l'activité des entreprises. L'air que nous respirons est désormais un composé d'azote, d'oxygène, de publicité et d'injonctions contradictoires. L'information et l'éducation de santé demeurent ainsi des instruments de politique publique privilégiés.

L'Institut national de prévention et d'éducation à la santé (INPES) diffuse une série d'outils d'information et d'éducation pour la santé : des guides nutritionnels, un logo Programme national nutritionnel santé pour des actions et des documents de promotion de la nutrition-santé, du matériel pédagogique ou encore des campagnes de communication.

Ces instruments ont pour objectif la sensibilisation du grand public aux enjeux sanitaires liés aux pratiques alimentaires, et pour effet de rendre toujours plus complexe les prises de positions, de paroles, et les actions des titulaires de droits.

La liberté et la responsabilité individuelle régressent et les messages de prévention reflètent une gestion néolibérale des enjeux de santé, propres à laisser paraître des injonctions contradictoires.

Point d'attention

De nombreux signes comprenant la séquence de lettres CBD sont enregistrés auprès de l'INPI à titre de marques verbales ou semi-figuratives, et ce depuis plusieurs années.
Si l'INPI ne procède pas, à proprement parler, à un contrôle *a priori* s'agissant du bon emploi des signes CBD, il conviendra de veiller, en cas de projet d'un tel dépôt :

- à ne pas contrevenir aux droits d'acteurs qui seraient déjà titulaires d'une marque en procédant notamment à une recherche d'antériorités afin d'éviter un risque d'opposition et plus généralement d'actions (nullité, contrefaçon) ;
- à ce que le signe déposé ne soit pas descriptif, soit distinctif, et surtout au regard du produit en cause, ne contrevienne pas à l'ordre public.

Donc, si l'utilisation et le dépôt du signe CBD en tant que tels sont possibles, il faudra veiller tout particulièrement à ce que le signe déposé ne puisse, par exemple, pas être assimilé à une incitation à consommer de la drogue, ou entretienne une confusion entre le cannabis récréatif et les produits à base de CBD. De la même manière et d'un point de vue marketing, il conviendra de prendre des mesures afin de limiter les risques éventuels (par exemple : en adoptant des étiquetages spécifiques, etc.).

Enfin, il s'agira également d'être vigilant en ne vantant pas les mérites supposés des produits tant que des études validées par la France et l'Union européenne ne seront pas publiées. Il faudra utiliser un vocabulaire adapté, notamment en suivant les recommandations de l'ARPP (Autorité de régulation professionnelle de la publicité) s'agissant de l'emploi de certains termes mélioratifs, ou pouvant laisser croire que le produit possède certaines vertus particulières.

4.
Le luxe et le droit : les défis de l'excellence

Naissance d'une géopolitique du luxe

Les marques françaises dominent le marché du luxe. La France depuis Colbert a fait du luxe un instrument de sa politique intérieure comme étrangère. Sous le règne de Louis XIV, Colbert alors contrôleur général des finances a joué un rôle central dans le développement du luxe en France et dans son utilisation stratégique pour renforcer l'économie nationale et l'influence du pays à l'étranger.

C'est à ce moment que la France a mis en place une série de politiques visant à promouvoir l'industrie du luxe et à stimuler le commerce intérieur et extérieur. Colbert a décidé la création de plusieurs institutions à l'instar de la manufacture royale des meubles de Versailles ou encore de la manufacture des Gobelins pour développer et soutenir les industries du textile et de l'ameublement. Ces initiatives ont contribué à l'émergence de secteurs tels que la soie, la porcelaine, la tapisserie et la joaillerie, qui sont devenus des symboles de l'art de vivre français et de l'excellence artisanale.

La monarchie française utilise le luxe comme un instrument de politique intérieure pour renforcer son pouvoir et créer une « culture de cour » raffinée et ostentatoire. Louis XIV, en tant que monarque absolu, a utilisé le luxe pour asseoir son autorité et attirer la noblesse vers la cour de Versailles, où il pouvait mieux contrôler et surveiller les élites du pays. La construction du palais de Versailles lui-même était une démonstration de grandeur et de luxe qui impressionnait les visiteurs et symbolisait la puissance de la France.

Sur le plan extérieur, la France a également utilisé le luxe pour promouvoir son image de marque à l'étranger et renforcer son influence diplomatique. Les cadeaux somptueux offerts par les rois français aux autres monarques européens étaient des outils de diplomatie, destinés à établir des alliances, à renforcer les relations commerciales et à impressionner les puissances étrangères. Les produits de luxe français, réputés pour leur qualité et leur esthétique, ont été largement exportés et ont contribué à façonner l'image de la France en tant que nation sophistiquée et culturellement riche.

Cette tradition de faire du luxe un instrument politique s'est perpétuée au fil des siècles en France. Des maisons de couture emblématiques comme Chanel, Dior et Louis Vuitton ont continué à représenter l'élégance et le raffinement français. Le secteur du luxe en France est désormais reconnu mondialement, et est un moteur économique important, générant des revenus, des emplois et attirant des touristes du monde entier. Durant la pandémie de 2020, certaines de ces grandes maisons se sont également démarquées par leur présence et leur réactivité (utilisation de leurs savoir-faire pour fabriquer puis livrer ce qui était alors rare : le gel hydroalcoolique ou encore les masques). Toutefois, les grandes maisons du luxe sont passées au cours du temps d'une posture de maîtrise dans la création à une prise en compte, voire désormais, à une position *consumer centric*[34], influencées par la mondialisation, et certaines d'entre elles ont su en profiter et exporter leur savoir-faire à l'international.

Les marques se réinventent et misent sur l'aspect durabilité, il en va tant de leurs valorisations que de leur simple survie, à l'heure où de nouveaux acteurs brocardant les vertus du made in France[35] émergent tous les jours. Ces mêmes entreprises s'achètent ainsi une assurance croissance, s'appuyant désormais sur les tendances des consommateurs friands d'artisanat, de durabilité. L'heure de la fast fashion a peut-être commencé à sonner, en France comme dans le monde.

Le luxe incarne un état d'esprit, une propension à l'ouverture vers les autres, leur culture et leur patrimoine.

Lors de la 3e édition des Assises juridiques de la mode, du luxe et du design qui se sont tenues le 9 mars 2023, une définition du luxe a été avancée. Il s'agirait d'un ensemble de caractéristiques ou d'attributs qui distinguent un produit, un service ou une expérience de haute qualité et

34. Entreprise centrée client.
35. Fabriqué en France.

exclusif, souvent associé à une marque prestigieuse. Ces caractéristiques peuvent inclure l'attention portée à la qualité des matériaux, à la réalisation du produit ou de la prestation, à l'attention portée aux détails, à l'expérience d'exclusivité proposée au consommateur, à la rareté, à la personnalisation, à la symbolique et l'image de marque. Le luxe est souvent associé à des produits et des prestations haut de gamme, rares et chers. Cependant, la notion de luxe est subjective et varie nécessairement en fonction des cultures, des époques et des individus.

Dans les dernières décennies, le domaine du luxe a pu s'épanouir comme moteur et vecteur de progrès et a su renouveler et proposer différents modèles de fonctionnement. Certaines entreprises ont fait le choix de rester indépendantes, d'autres se sont regroupées et ont formé des groupes, d'autres ont fait le choix de fonctionner sur le modèle de licences de marques, comme c'est le cas du groupe Interparfums.

Philippe Bénacin,
président d'Interparfums

Nous regardons de nombreux dossiers en matière de croissance externe mais nous sommes plutôt sélectifs. Lorsque nous sommes en discussion avec une marque, et que nous posons la question de savoir si nous devons signer une nouvelle licence, nous regardons quelques critères essentiels.

Le premier, incontournable, est la désirabilité de la marque. C'est-à-dire sa notoriété bien sûr, mais pas uniquement. Cela inclut également son potentiel de séduction auprès des consommateurs, l'univers qui est le sien et l'histoire qu'elle raconte à ses clients. Tous ces éléments, qui constituent pleinement l'ADN d'une marque, sont ce dont nous avons besoin pour déterminer une orientation artistique cohérente et en parfaite adéquation avec chaque univers de marque. Mais il faut aussi que le rayonnement de cette marque soit mondial et que sa notoriété ne se limite pas à quelques pays. Faute de quoi sa capacité de développement sera trop limitée. C'est à ces seules conditions qu'une marque présente un potentiel réel et suffisant pour être susceptible de nous intéresser.

Outre cette problématique d'image, nous nous intéressons également à la maturité de son organisation et à la manière dont est structuré son réseau de distribution dans les pays importants. C'est un facteur très important pour le développement rapide et pas trop compliqué de notre activité.

Nous sommes extrêmement satisfaits de la plupart de nos partenariats mais au regard des dernières années les contrats Montblanc, Jimmy Choo, Coach, Van Cleef et Lacoste sont, et pour différentes raisons, ceux dont nous sommes les plus fiers.

Si notre métier était de créer et développer nos propres marques, nous serions obligés de consacrer notre énergie, notre temps et nos ressources, humaines et financières à créer cet univers et cette désirabilité dont je parlais. Cela impliquerait un travail portant sur de longues années et donc un développement assez lent. Cela nous empêcherait naturellement de prétendre à une croissance rapide. En nous appuyant sur le prestige de nos concédants, notre mission est de transposer leur histoire dans l'univers du parfum. Bien évidemment, nous gagnons ainsi un temps précieux.

S'agissant des inconvénients inhérents à ce modèle économique, celui-ci peut impliquer que nous ayons à verser un droit d'entrée à la marque lors de la signature de l'accord. Celui-ci dépend généralement de la taille du business existant et du niveau de stocks au moment de la signature. Outre ce droit d'entrée, nos contrats prévoient que nous nous engagions à verser à nos concédants un niveau de royalties correspondant à une part de nos ventes. Si cette donnée financière est évidemment légèrement dilutive sur notre rentabilité opérationnelle, elle nous assure de pouvoir nous appuyer sur des noms infiniment plus prestigieux que ne le seraient des marques que nous pourrions créer. Avec un potentiel en conséquence bien plus important.

Nous évoluons sur un marché très peu concurrentiel, composé d'une dizaine d'acteurs importants. Les exigences croissantes, notamment en matière de savoir-faire ou concernant les réseaux de distribution, constituent une barrière à l'entrée de potentiels nouveaux entrants. Si je le dis autrement, je pense que la notion de taille critique est telle aujourd'hui qu'il serait absolument impossible pour un nouvel acteur de se lancer sur notre marché.

Les problématiques liées à la contrefaçon occupent hélas une place croissante depuis quelques années. Nos équipes, notamment au sein des départements juridiques et *Supply Chain*, travaillent en étroite collaboration avec les marques d'une part, et avec les douanes, partout sur Terre, d'autre part.
Nous avons déployé, avec nos concédants, une stratégie visant à protéger nos marques contre les usages contrefaisants. Nos marques sont enregistrées auprès des douanes de différents pays, qui opèrent des saisies et des destructions en cas de contrefaçon. À l'appui d'enquêtes menées sur le terrain, nous initions des raids dans des usines et prenons des actions contre les contrefacteurs. Enfin, une part importante de lutte anti-contrefaçon se joue bien entendu en ligne, grâce à une surveillance et à des actions ciblées.
En ce qui concerne la propriété intellectuelle, il faut dissocier les actions menées par nos concédants sur leurs noms de lignes et de marques, des démarches qu'Interparfums effectue avant chaque lancement. Lorsque nous travaillons sur le nom d'une nouvelle ligne, nous procédons en amont à une recherche d'antériorité, à l'échelle mondiale et déterminons une stratégie de sécurisation des projets. Cela peut inclure que nous nous rapprochions de titulaires de noms pour pouvoir conclure des accords de coexistence ou des rachats de marque.

Ensuite, nos donneurs de licence ou nous-mêmes organisons le dépôt des marques et modèles dans nos principaux pays d'intérêt et veillons à adapter notre portefeuille à l'évolution de notre business.

La mondialisation, le développement du web et celui des réseaux sociaux ont-ils changé votre mode de communication/de protection/de défense ?

Naturellement, l'essor du web, celui des réseaux sociaux et plus globalement la mondialisation ont eu et ont encore une incidence importante sur notre politique de protection, qui évolue régulièrement. Au niveau des marques dont Interparfums est propriétaire, c'est-à-dire Lanvin et Rochas, nous avons mis en place, via un prestataire, une surveillance sur l'ensemble des réseaux sociaux et des différentes plateformes internet. S'agissant des marques dont nos concédants sont titulaires, nous veillons à assurer une surveillance en matière de réputation et à les informer au mieux de toute problématique les concernant. Enfin, nous veillons à ce que toute opération sur les réseaux sociaux fasse l'objet d'une stricte contractualisation donnant un cadre le précis possible.

Marque, géopolitique et droits de l'homme

Tout comme sous Colbert, il existe encore aujourd'hui une véritable géopolitique du luxe. Depuis Colbert, l'État français a toujours su tirer parti de savoir-faire reconnus exportés, témoins de rayonnement et de puissance. Le Comité Colbert fondé en 1954 par l'un des grands noms du luxe français assignait à ses membres le rôle de valoriser à la sortie de la guerre les métiers d'art incarnant un mode de vie à la française. Aujourd'hui, les adhérents sont passés de quinze (Baccarat, Cartier, Chaumet, Christian Dior, Christofle, Hermès mais aussi l'Hôtel le Bristol et l'Hôtel Carlton) à plus de cent vingt. Acteur et témoin de son temps, le Comité Colbert s'est doté d'une raison d'être : « Promouvoir passionnément, développer durablement les savoir-faire et la création française pour insuffler du rêve ». Il est désormais un acteur significatif et reconnu de la défense des droits de propriété intellectuelle. « Le débat sur le rôle des maisons de luxe ouvre donc des pistes fécondes sur la façon dont elles sont amenées à repenser leur façon d'habiter dans la cité et d'agir sur le monde. Réaffirmant la place importante qui est la leur. »

Au-delà de la stricte protection obtenue par le dépôt de marque, ses membres ont œuvré pour la lutte contre la contrefaçon, l'organisation de la distribution sélective par exemple. Parce que les grands noms s'engagent à transmettre, il faut organiser la transmission, prendre en compte les attentes des jeunes générations, les « embarquer » sur les sujets de transition digitale comme énergétique. Pour répondre à ces enjeux, « le Comité Colbert s'est doté d'une commission dédiée aux enjeux du développement durable dont la mission est de faire du secteur du luxe un référent en matière de responsabilité sociale, sociétale et environnementale ». L'avenir des acteurs du luxe passe par une nécessaire appréhension des enjeux de la RSE, par la diffusion des bonnes pratiques.

Et le luxe s'étend désormais à de nouveaux univers allant du sport (les marques de luxe veulent s'intégrer et acquérir une légitimité, Hermès équitation, Lacoste et Rolex Tennis, etc.), à la gastronomie avec la « starisation » des chefs, et particulièrement des chefs français qui s'exportent et deviennent ambassadeurs d'un modèle d'excellence française. Les États savent et doivent utiliser le luxe qui est un véritable instrument du *soft power*. Entre diplomatie et influence, les marques jouent désormais un rôle important.

Marque, luxe et géopolitique en temps de guerre

Un exemple particulièrement marquant de ces derniers mois, et dont on ne mesure pas encore précisément l'étendue des répercussions est évidemment l'invasion de l'Ukraine par la Russie. Outre la catastrophe humaine, politique, diplomatique que représente un tel contexte de guerre, il s'agit également d'une problématique économique qui vient se substituer à un contexte sanitaire qui avait déjà contribué à mettre à mal de très nombreux secteurs.

Si toutes les plus grandes marques de luxe tous secteurs confondus étaient présentes sur le territoire russe qui représente une clientèle très importante en particulier dans le secteur de l'hôtellerie (Shangri La, Marriott international, hôtels et centre de villégiature Hilton, international Jinjiang, Best Western, groupe Intercontinental, etc.), dès le début de la guerre en Ukraine, certaines marques (dont par exemple LVMH et Kering) ont distendu leurs liens avec Moscou. Le luxe est aussi devenu un acteur incontournable des relations internationales.

L'éclatement de la guerre en Ukraine a fait émerger de nouvelles questions « stratégiques » qui se sont imposées à ces grands groupes :

> – rester en Russie, rester neutre dans sa communication et prendre le risque de perdre une partie de sa clientèle hors Russie,
>
> – adopter une position inverse en quittant la Russie à l'instar d'Hermès, Chanel, LVMH, Kering, ou encore Prada qui ont décidé de suspendre leurs ventes sur le territoire russe depuis l'éclatement de la guerre.

Il est encore particulièrement difficile de donner des chiffres précis sur les répercussions économiques de la guerre en Ukraine, on peut tout de même d'ores et déjà noter que la crise en Ukraine a eu un impact sur l'économie russe, en particulier sur la dévaluation du rouble et la baisse de la consommation. Et, de fait, cette situation a nécessairement entraîné une réduction des achats de produits de luxe en Russie, qui est un marché important pour de nombreuses marques de luxe européennes.

En outre, les sanctions économiques imposées par l'Union européenne et les États-Unis contre la Russie ont également eu un impact sur les activités des entreprises européennes qui opèrent sur ce marché, y compris dans le secteur du luxe.

S'il est certain que la guerre russo-ukrainienne a contraint les grandes marques internationales à respecter leurs engagements en matière de responsabilité sociale et environnementale, les appels aux opérations de boycotts ciblées sont toutefois sans commune mesure avec les contraintes qui se sont imposées aux marques, à leur image et à leur réputation. Il a suffit de quatre jours pour que les grands noms soient mis en demeure de prendre position. Certaines marques ont même décidé de « dédier la Fashion Week » à l'Ukraine : inédit.

Marque, luxe et écologie

Par ailleurs, les entreprises du secteur du luxe ont massivement investi dans la recherche et le développement pour créer des produits innovants et de haute qualité. Elles ont également (plus ou moins récemment) développé une réelle conscience écologique, et donc de nouveaux modèles de production et de consommation qui tendent à devenir moins nocifs pour l'environnement. Les marques de luxe sont devenues de bons élèves en matière de durabilité et de responsabilité sociale. Elles sont conscientes de leur impact tant sur l'environnement que sur la société, et cherchent à réduire leur empreinte carbone, tout en créant des emplois de qualité et en soutenant des initiatives sociales.

Ces (plus ou moins) nouveaux comportements que l'on peut qualifier de vertueux résident également dans la prise de conscience du fait que les modèles économiques et de consommation connus jusqu'ici ne peuvent plus s'envisager sur du long terme faute de s'autodétruire. En des termes plus simples, ou bien les marques de luxe se « réinventent » en même temps que leurs modèles économiques et de production, ou bien elles finiront par ne plus pouvoir produire du tout.

Ces questions qui paraissent abstraites sont en fait bien réelles et parfaitement concrètes pour l'ensemble des entreprises. Particulièrement dans le secteur du luxe où certaines marques se sont donné les moyens d'avoir une vision globale de leur impact sur l'environnement à plus ou moins long terme. Car derrière les vêtements, les sacs et tout ce qui est produit par l'entreprise, il y a avant tout des matières premières (laine, cashmere, cuire, bambou, etc.). Le fait que ces matières premières se raréfient, voire puissent disparaitre, impacte directement les stratégies de développement des entreprises. Ainsi, conscientes de l'enjeu, les marques de luxe se préoccupent du climat – ne serait-ce que parce que celui-ci impactera directement leur survie. Le luxe a ainsi parfaitement compris qu'il devait avoir une responsabilité et une attention particulière, à tout le moins pour que perdurent ces secteurs.

Au-delà de son rôle environnemental, et en matière de RSE, le secteur du luxe joue évidemment un rôle important dans la promotion de l'art et de la culture. Les marques de luxe sponsorisent souvent des événements culturels et des expositions d'art, contribuant ainsi à la diffusion de la culture et de la créativité. Elles laissent également place à des créateurs ayant une vision du monde singulière, et participent en ce sens à l'avènement d'espaces de créations qui, parfois deviennent des « tendances » qui influencent et refluent ensuite sur la mode et le design à l'échelle mondiale.

Le secteur du luxe est ainsi un domaine privilégié, une bulle économique et créatrice qui peut être considérée comme un moteur et un vecteur de progrès en raison de son investissement dans la recherche et le développement, de son engagement en faveur de la durabilité et de la responsabilité sociale, de son rôle dans la promotion de l'art et de la culture, ainsi que de son influence sur la mode et le design.

C'est également en raison de leurs influences sur les autres secteurs, de leur échelle souvent mondiale, de l'attraction qui gravite autour d'elles, et de leur capacité à fédérer un sentiment d'appartenance, que tout élément perçu par le public comme un « faux pas » peut rapidement prendre des proportions gigantesques, et avoir des répercussions sur l'image de la marque et sur ses finances.

Sur le plan juridique, le luxe représente un pouvoir économique qui peut avoir un poids important sur les décideurs politiques. Selon une étude réalisée par le cabinet EY en 2020 pour le Comité Colbert, le secteur du luxe représente environ 440 000 emplois directs et indirects en France, soit environ 1,5 % de l'emploi total en France. Cette étude montre que le secteur du luxe est un important employeur en France, tant dans les domaines de la création, de la production, de la distribution et des services associés, tels que le tourisme, l'hôtellerie et la restauration que dans les industries qui fournissent des matériaux, des services ou des technologies aux entreprises de luxe.

Dominique Cuvillier,
directeur de publication et rédacteur en chef de *Mo Fashion Eyewear*

L'élasticité du luxe

Le pouvoir d'attraction des grandes marques de luxe est à la hauteur de leurs chiffres d'affaires qui croissent, imperturbables face aux permacrises qui secouent le présent, sans obérer l'avenir, toujours annoncé comme radieux pour elles. Le secteur du luxe ne vit pourtant pas hors sol face aux réalités politico-économiques tendues et grisées, mais il s'adapte avec agilité à l'expertise de clients privilégiant les marques désirables qui ont un vrai positionnement, une valeur ajoutée extravertie, dont l'énergie communicative est patente. Des marques qui transfèrent leur réputation aux objets qu'elles signent, comme un artiste valorise ses œuvres d'art uniques. Des marques émancipatrices et révélatrices du fonctionnement social : il n'y a plus un modèle unique de société de consommation, une société de consommation désacralisée où chacun construit son propre modèle, chacun n'admet aucune limitation dans la liberté individuelle à vivre ce qu'il est.
La force du luxe réside aussi dans sa pluralité d'images à l'encontre de la hiérarchie traditionnelle des goûts et des modes, et dans son élasticité d'expansion pour atteindre des clients

ultras fortunés et des clients contraints par des limites financières, avec des gammes de produits et de services modélisées par des stratégies protéiformes d'élitisme accessible pour toucher le plus grand nombre. Sa capacité à surprendre est immuable avec, entre autres, des collaborations (des collabs) inédites, parfois incongrues, qui bousculent les idées préconçues. Son sens de la personnalisation extrémisée est manifeste avec des productions éloquentes d'un luxe hors norme pour des clients richissimes qui cherchent à se libérer de la pression du « toujours plus » sans forcément limiter leurs dépenses qui ne sont plus une affaire de revendication sociale ou de démonstration ostentatoire, de vertu ou de morale, mais nécessaires à une tentation libertaire frottée à l'idéologie libérale, le primat de l'individu souverain.

La puissance financière des grands groupes de luxe stimule et nourrit le potentiel créatif des grandes maisons qui, par leur rayonnement international, impose la nouvelle valeur étalon de l'offre et de la demande ou plus précisément la stimulation du désir d'achat. Leur imaginaire est tellement omniprésent et souvent étourdissant qu'elles redessinent la carte de la consommation, architecturent les fondements d'un chalandage hyper attractif et addictif. Avec un bémol, le luxe imprime ses marques mais ne se perd-il pas dans son propre miroir aux vanités de la croissance sans fin ?

D'autant que les nouvelles générations décomplexées et biberonnées aux réseaux sociaux, adoptent des modes d'achats, de véritables stratégies devrait-on dire, pour tirer le meilleur parti de leur consommation. La génération Z (née après 1995) qui représente 32 % de la population mondiale est plus économe, plus réfléchie et plus engagée que les générations précédentes. Si le luxe joue un rôle essentiel dans la construction des différentes facettes de l'estime de soi de ces adolescents, ils ne l'achètent pas les yeux fermés et revendiquent leur expertise d'achats armés de leur smartphone pour naviguer entre des flots de tentations et de prix.

Ainsi, le marché de la seconde main est une formidable opportunité pour accéder au luxe sans en payer le prix fort et surtout pour spéculer avec l'acuité d'un boursicoteur. Selon une étude du Boston Consulting Group/Vestiaire Collective[36], les individus de la génération Z sont les plus impliqués dans ce nouvel usage : 31 % d'entre eux ont acheté des produits de seconde main de luxe au cours des 12 derniers mois, et 44 % en ont revendu. La génération Y précédente (âgée de 25 à 35 ans) n'est pas en reste, ils sont 27 % à avoir acheté des produits de seconde main de luxe au cours des 12 derniers mois et 37 % à en avoir revendu. Ces jeunes n'hésitent pas non

36. *What an Accelerating Secondhand Market Means for Fashion Brands and Retailers*, octobre 2022.

plus à sacrifier l'authenticité de certains produits au profit de « dupes », des imitations de produits de marques de luxe disponibles à prix low-cost. Baskets, sacs à main, lunettes, mode, cosmétiques, parfums…, ces copies qui s'inspirent des vrais produits sont un plagiat stylistique, à l'extrême limite de la contrefaçon sans en être vraiment, car il ne s'agit pas d'une reproduction frauduleuse partielle ou intégrale d'un article.

Un phénomène qui n'est pas nouveau mais prend une ampleur inédite. Dénicher des copies, des imitations est en effet devenu un jeu de pistes planétaire, une forme de fierté pour de jeunes consommateurs qui le revendiquent, ne s'en cachent pas et ne craignent pas de mélanger des dupes avec des produits authentiques. Pour eux, le luxe n'est plus statutaire, il est identitaire d'une expertise d'achats valorisé socialement.

Les jeunes générations obligent les marques en général et de luxe en particulier, à redéfinir les règles, à se réinventer sans se trahir et à faire preuve d'une toujours plus grande élasticité pour atteindre des consommateurs versatiles qui s'affranchissent des logiques de classes et de styles. La perception du luxe évolue, son attraction demeure inaltérable. Jusqu'à quand ?

Le marché de la seconde main : un mode de consommation à part entière

L'essor d'internet a modifié les modes de consommation, et en même temps les « méthodes » de distribution de la contrefaçon, qui s'exerce désormais en ligne par tous les moyens possibles et notamment sur les grandes plateformes de e-commerce. Les sites de revente entre particuliers de produits de seconde main (et ils sont désormais nombreux) nécessitent de la part des marques, et notamment des marques de luxe, une vigilance accrue et des mesures impératives de lutte anti-contrefaçon.

Estimé à 177 milliards de dollars en 2022, le marché mondial de la mode d'occasion devrait quasiment doubler à l'horizon 2027 pour atteindre 350 milliards de dollars. Les raisons d'un tel intérêt du public pour les biens d'occasion sont principalement l'attraction pour des biens plus durables et une industrie de mode vertueuse. Il y a en fait un essor mondial de l'économie du partage : nous sommes entrés dans une économie d'utilisation plutôt que de propriété. Ce marché en plein essor permet également un accès plus économique aux articles de luxe ou aux vêtements et accessoires de mode dit « rares » (car n'étant plus disponibles dans les collections actuelles).

Le marché intéresse ainsi une grande catégorie de personnes et est principalement poussé par la transformation numérique de l'économie. Ses acteurs traditionnels sont impliqués comme Ebay, Amazon ou, en France, Leboncoin. Mais de nombreuses plateformes ont également été créées exprès pour répondre à la demande en ligne de produits vintages tels que Vinted, Vestiaire Collective, The Realreal.

Un constat : si la population change de mode de consommation, elle reste attirée par les produits de luxe. Ses nouvelles préoccupations écologico-économique lui font ainsi se tourner plutôt vers le marché d'occasion. On qualifie un produit d'occasion comme un produit qui a déjà été acheté, au moins une fois, avant d'être revendu. Cette pratique est bien légale et libre car elle répond au principe dit « de l'épuisement des droits ». Le concept d'épuisement régional des droits dans l'Union européenne énonce que, dès lors qu'un produit a été mis sur le marché licitement une première fois par le titulaire du droit (ou avec son autorisation) sur le territoire de l'Union européenne, alors ce titulaire de droit ne peut pas contrôler la revente ultérieure du bien.

Toute la problématique, et tout l'enjeu pour les plateformes en ligne qui revendent des produits de luxe d'occasion est de ne proposer que des produits authentiques. Cette préoccupation est partagée par le consommateur qui souhaite acheter ces produits de luxe d'occasion, le titulaire du droit qui souhaite endiguer la propagation de contrefaçons, quel que soit le mode de vente, et par les plateformes puisque la confiance des consommateurs repose sur cet impératif. L'authentification des produits de seconde main doit donc être parfaite. En termes de prospections, et afin de bénéficier d'un marché équilibré et équitable, il serait intéressant de mieux informer le consommateur et l'utilisateur de la plateforme, afin qu'il soit immédiatement prévenu que, dans l'immense majorité des cas, le titulaire du droit n'est pas associé à la revente. Cela signifie qu'aucune garantie parfaite ne peut être fournie au consommateur sur l'authenticité du produit. Le droit n'est pas démuni pour autant par ces nouvelles pratiques, et, à l'instar des maisons de vente aux enchères, la responsabilité d'une authentification échouée est supportée par la plateforme de vente en ligne.

Parallèlement et pour embrasser ce nouveau marché des biens d'occasion tout en maitrisant le processus d'authentification, certaines maisons de luxe ont décidé d'organiser leurs propres plateformes afin d'assurer un parfait suivi des pièces, mais également de contrôler la qualité des produits d'occasion vendus, ainsi que leurs conditions de vente.

5.
Le droit du *packaging*: harmonie entre le contenant et le contenu

Quel que soit le secteur d'activité d'une entreprise, et quelle que soit sa place sur le marché (*start-up* naissante ou grand groupe de luxe), dès que celle-ci propose des produits, elle doit prendre en compte le *packaging* tant pour des questions de droit de propriété intellectuelle (marque, concurrence déloyale, droit d'auteur) que de traçabilité, d'information des consommateurs ou encore d'impact environnemental.

Emballage, conditionnement et *packaging*: trois termes proches souvent confondus, ayant chacun une utilité propre.

L'emballage:

Quelle que soit sa forme, ou la matière avec laquelle il est fabriqué, l'emballage a pour fonction principale de protéger le produit, pour qu'il garde toutes ses qualités.

Il protège le produit les diverses opérations logistiques sur le produit – manutention, transport et stockage.

Le conditionnement :

Le conditionnement est un emballage primaire. Première enveloppe, il est au contact direct avec le produit. Moins orienté vers la protection contre d'éventuels agents extérieurs, l'objectif du conditionnement :

– protéger le contenu afin qu'il conserve toute sa qualité ;

– faciliter l'étalage et la reconnaissance du produit dans les points de vente ;

– captiver le choix du client parmi plusieurs produits concurrentiels ;

– faciliter l'utilisation du produit après achat (grâce à sa forme, ses options, son marquage…) ;

– protéger le consommateur contre d'éventuels risques chimiques.

Le conditionnement porte, outre la marque, une multitude de renseignements sur les conditions d'utilisation et de conservation du produit, ainsi que différentes mentions légales obligatoires. Ces mentions seront détaillées plus avant.

Le *packaging* :

Le mot *packaging* est l'anglicisme du mot conditionnement. Cependant, dans son utilisation technique, le terme *packaging* a une portée plus large : conçu, imaginé et designé pour contribuer à l'acte d'achat, le *packaging* a pour rôle de séduire le consommateur.

Il s'intéresse fortement à l'aspect extérieur, avec pour objectif de faciliter l'achat du produit. En effet, de nombreuses études révèlent que les produits dont l'aspect extérieur *(packaging)* a été le mieux étudié se vendent le mieux dans les supermarchés ;

Il a un rôle de ciblage des différents segments de marché, de dimensionnement et design des unités de vente consommateur (taille, forme, format...).

Si sa fonction commerciale est évidente, le *packaging* s'attache à satisfaire/séduire des segments de marché. Il est toujours en fonction d'une typologie de consommateurs ciblés, enfin, il est le reflet d'une gamme de prix.

Bien qu'ayant des fonctions commerciales qui convergent, ces notions ont cependant des fonctions techniques singulières : l'emballage (protection du produit pour le stockage, la manutention et le transport), le conditionnement (premier contenant du produit) et le *packaging* (aspect extérieur des unités de vente), peuvent avoir des fonctions techniques singulières.

Il convient toutefois de noter que le droit ne va pas si loin dans la distinction de ces différents termes (emballage, conditionnement et *packaging*), raison pour laquelle il sera ensuite indistinctement fait référence à l'un ou à l'autre.

Il est le support pour le marquage fournissant ainsi au consommateur toutes les mentions légales obligatoires (fabricant, classe de produit, composition chimique...)

Le contenant d'un produit est un support informationnel, un outil marketing destiné à accroitre la décision d'achat.

En un sens, il devient l'auxiliaire de vente, à ce titre susceptible d'être protégé par la propriété intellectuelle – le droit d'auteur, le droit des dessins et modèles, le droit des marques et/ou, le cas échéant, le droit des brevets.

Dès lors que le *packaging* est le fruit d'une création originale voulue et conçue par l'auteur, il est éligible à la protection par le droit d'auteur.

L'intérêt de cette protection est qu'aucune formalité préalable n'est nécessaire pour en bénéficier. Il est cependant toujours recommandé de procéder à des dépôts conférant une date et donc une antériorité, par exemple le recours à une enveloppe e-Soleau auprès de l'Institut national de la propriété intellectuelle.

Cette précaution retrouve tout son intérêt, si la fabrication des emballages est sous-traitée. Le paiement d'une prestation de création n'emporte pas cession automatique d'éventuels droits d'auteur.

Le *packaging* du produit susceptible d'être protégé au titre de la propriété intellectuelle et le fait de pouvoir opposer un titre à un concurrent est généralement plus dissuasif.

Quelle protection pour quel droit ?

– La protection des dessins et modèles : si l'apparence d'un produit ou son emballage est nouveau (aucun modèle identique/quasi-identique antérieur) et présente un caractère propre (pas d'impression de « déjà vu »), il peut être déposé à titre de dessin et modèle. À noter que pour éviter d'annihiler la nouveauté de votre modèle, il faut veiller à ne le divulguer, jusqu'à son dépôt, qu'à des personnes tenues à une obligation de confidentialité.

– La protection de la marque tridimensionnelle : si la forme d'un *packaging* n'est pas uniquement dictée par la nature ou fonction du produit et si elle est distinctive, elle pourra être déposée à titre de marque.

– La protection du brevet : un emballage peut être éligible à la protection par le brevet d'invention, s'il est nouveau, implique une activité inventive et est susceptible d'application industrielle. Exemple, un système d'ouverture de paquet de gâteau ou de fermeture de bouteille par un bouchon spécifique.

À noter enfin que différents types de protection peuvent se cumuler sur un même produit.

Prenons l'exemple d'un tube de rouge à lèvres par exemple. Celui-ci peut bénéficier de plusieurs types de protection de propriété intellectuelle :

– Marque déposée : Le nom du rouge à lèvres peut être protégé par une marque déposée et enregistrée auprès d'un office de propriété intellectuelle.

– Droit d'auteur : un slogan, un dessin, peuvent être protégées par le droit d'auteur.

– Brevet : Les formules et les innovations techniques associées au « produit » rouge à lèvres ou à l'objet « tube de rouge à lèvres » peuvent être protégées par un brevet.

– Dessin et modèles : Le *design*, la forme particulière du tube de rouge à lèvres peuvent être protégés par les dessins et modèles.

– Secret de fabrique/savoir-faire : Les formules et les procédés de fabrication peuvent être protégés comme secret commercial.

Il est ainsi tout à fait possible de cumuler ces différents types de protection pour renforcer la protection de la propriété intellectuelle du rouge à lèvres.

L'étiquette constitue la carte d'identité du produit. C'est un mode d'information particulièrement adapté lorsque le produit est fourni préemballé, tel que les vins et spiritueux.

Longtemps perçue comme un outil de promotion par les producteurs, elle est aujourd'hui devenue décisive dans les choix des consommateurs et constitue, de ce fait, une pièce maitresse de la protection des consommateurs.

Outre ces questions esthétiques/commerciales le *packaging* d'un produit étant un support pour le consommateur, celui-ci est soumis à de nombreuses réglementations, tant sur la forme (dimension, etc.), que sur le fond (mentions relatives à la santé, à la protection des Appellations d'origine et des Indications géographiques, etc.). Prenons notamment l'exemple d'une étiquette de vin.

Point d'attention

L'étiquetage des vins et spiritueux est un cas tout à fait caractéristique du niveau aigu d'attention qu'il convient de porter à un simple étiquetage. Il convient en effet de se conformer à de nombreuses exigences légales, constituant autant de points d'attention à prendre en compte. Ces règles sont en effet d'autant plus nombreuses, et d'autant plus spécifiques qu'elles émanent à la fois de l'Union européenne et de la France, fixant ainsi des principes stricts sur l'étiquetage des produits vinicoles et spiritueux, et notamment pour les principaux :

Nom du vin : exigences d'indication géographiques (IG) parmi lesquelles notamment les appellations d'origine contrôlée ou protégée (AOC/AOP), et particulièrement pour l'usage de mentions dites valorisantes telles que « château », « domaine », « clos » qui ne peuvent être utilisées que pour des vins bénéficiant d'une IG,

Allégations de santé : Il est interdit d'utiliser des allégations de santé sur les étiquettes de vins, et certaines doivent même inclure une mise en garde sur les dangers de la consommation excessive d'alcool, sur les dangers que représentent une consommation d'alcool pour les femmes enceintes, etc.

Contenu en alcool : Les étiquettes doivent indiquer le taux d'alcool en pourcentage pour permettre aux consommateurs de connaître la quantité d'alcool dans le produit,

Information nutritionnelle : Les produits vinicoles et spiritueux doivent inclure des informations nutritionnelles, telles que la valeur énergétique, les graisses, les protéines et les glucides, la présence d'allergènes, etc.

Emballage : Les produits vinicoles et spiritueux doivent être emballés de manière sûre et hygiénique pour garantir la qualité du produit. Les réglementations de l'Union européenne sur les emballages sont destinées à protéger les consommateurs et l'environnement en imposant que soient notamment présents :

la date de mise en bouteille (pour informer les consommateurs sur la fraîcheur du vin)

le numéro de lot (pour permettre une traçabilité du produit),

l'adresse du producteur (pour permettre aux consommateurs de savoir d'où provient le vin)

Et naturellement la propriété intellectuelle de manière plus générale : afin de s'assurer que l'ensemble des images, logos, blasons et autres éléments sur l'étiquette ne violent pas les droits de propriété intellectuelle d'autrui.

Il est absolument indispensable de se conformer aux réglementations européennes et nationales afin d'éviter toute sanction, notamment de la DGCCRF, et de faire valider par un spécialiste les étiquettes avant toute commercialisation d'un produit viti-vinicole et limiter ainsi au maximum les risques de sanctions.

Plus généralement en matière d'obligation d'étiquetage il existe une combinaison de textes justifiés par l'intérêt et l'information du consommateur.

L'on retrouve notamment par exemple le Règlement (UE) 1007/2011 du Parlement européen et du Conseil du 27 septembre 2011 sur l'obligation d'étiquetage de la composition des produits textiles notamment la nature et la composition des fibres.

Ces réglementations sont extrêmement précises et donnent ainsi une liste exhaustive des dénominations en indiquant par exemple une obligation d'utiliser les noms génériques des fibres et non les appellations commerciales. Ne sont ainsi pas admis les termes Lycra, Tencel, Sorona, etc., ou encore les descriptifs ou les adjectifs, et sont aussi proscrits les termes types « micro-fibres ».

Se trouvent ensuite des décrets d'applications et arrêtés relatifs à ce même règlement et propre à chaque matière par exemple :

Pour le cuir, ces textes imposent une obligation de lisibilité de l'étiquette (et une autorisation de l'usage de pictogrammes) mais obligent également notamment à la dénomination :

– des matières premières (cuir, croute de cuir, synthétique, textile, etc.),

– de l'espèce animale (bovin, caprin, équin, etc.), la finition (grainée, enduit, etc.),

– des coordonnées du fabricant/importateur/distributeur ou du vendeur

Pour la fourrure l'on retrouve également une obligation d'indiquer :

– la composition

– la qualité de la fourrure

– et une obligation de lisibilité : les caractères de l'étiquette devant être identiques, de même couleur, nettement apparents et lisibles.

À ces premiers textes s'ajoutent naturellement ceux relatifs :

– aux pratiques commerciales déloyales vis-à-vis des consommateurs[37] définissant le cadre juridique du contrôle des « allégations » c'est-à-dire des déclarations d'une entreprise qui suggérant ou donnant l'impression, dans le cadre d'une communication commerciale, marketing ou publicité, qu'un bien est respectueux de l'environnement, a un impact positif sur ce dernier, ou est moins préjudiciable pour l'environnement que des produits concurrents.

– aux pratiques commerciales trompeuses[38]. À noter que la loi n° 2021-1104 du 22 août 2021 portant lutte contre le dérèglement climatique et renforcement de la résilience face à ses effets (dite Loi climat et résilience), promulguée le 24 août 2021, intègre désormais l'écoblanchiment (ou *greenwashing*) dans la liste des pratiques commerciales trompeuses.

37. Directive 2005/29/CE du 11 mai 2005 relative aux pratiques commerciales déloyales vis-à-vis des consommateurs dit « directive PC ».

38. Directive 2006/114 du 12 décembre 2006 relative à la publicité trompeuse et pour le cadre français – notamment les Articles L 111-1 et s L.121-3 du code de la consommation.

L'on peut également mentionner pour parfaire cet arsenal législatif, la loi AGEC qui n'est finalement qu'une synthèse de normes européennes, et de volonté française d'aller plus loin dès à présent, en étant conscient que tout ce qui est fait au niveau français finira par être imposé au niveau européen dans quelques années (à condition que tous les pays de l'union aient tous les mêmes modes de calcul).

Cette loi AGEC fait ainsi entrer 11 nouvelles filières dans le champ de la « responsabilité élargies du producteur » (REP) avec pour principe celui du pollueur payeur (c'est-à-dire d'un système mis en place pour garantir que les producteurs assurent la responsabilité financière ou financière et organisationnelle de la gestion des déchets).

Cette loi AGEC prévoit ainsi notamment :

- une interdiction d'éliminer les invendus,
- une obligation des producteurs soumis à une filière de REP liée à leur(s) Identifiant(s) unique(s) (IDU),
- le déploiement d'un nouvel info-tri notamment avec l'obligation du logo « Triman »[39].

Ce déploiement législatif, pour ne pas dire cette avalanche, a un impact immédiat sur les entreprises qui y sont directement soumises. Celles-ci ont dû (et doivent toujours à l'heure actuelle) avoir une attention constante face à ces nouvelles législations afin de s'y conformer aux dates prévues par les textes.

39. Personnage en noir au centre de trois flèches tournées vers l'extérieur, créé en 2015, et devenu obligatoire sur tous les emballages et produits concernés depuis le 1er septembre 2022.

De manière concrète, cela veut parfois dire pour une entreprise, de prévoir très en amont la création de nouveaux *packaging*, avec un rétroplanning permettant au maximum d'écouler les anciens emballages avant l'entrée en vigueur de la nouvelle norme. Cela a également nécessairement un coût, tant pour l'étude des normes que la création et la mise en circulation de ces nouveaux *packaging*. Ce d'autant que le non-respect de ces normes peut être lourd de conséquences (brûlage des déchets : 450 € d'amande ; absence de traçabilité : 750 € ; abandon de déchets : 1500 € et en cas de récidive deux ans de prison et 75 000 € d'amende)[40].

Ainsi, plus une société prend ces sujets en amont et se montre avant-gardiste sur le sujet, plus elle aura de chance d'être prise en exemple ou encore d'être consultée dans l'élaboration des normes. Les marques ont donc tout intérêt à se saisir de ces sujets et de ces enjeux, afin de ne pas (trop) subir les évolutions législatives, et au contraire en faire un avantage concurrentiel vis-à-vis des autres entreprises du secteur.

Malgré tout, il faut le reconnaître, cet empilement législatif européen/français produit parfois au mieux des dissonances, et au pire des contradictions voire des aberrations rendant le réel parfaitement absurde.

C'est ainsi que la Commission européenne a récemment mis en demeure la France (le 15 février 2023) s'agissant de l'étiquetage des consignes de tri des déchets.

La Commission estime que les nouvelles exigences françaises en matière d'étiquetage sont 1) disproportion-

40. Notamment l'article L541-46 du Code de l'environnement.

nées par rapport à leur finalité (en précisant que d'autres options moins restrictives pourraient largement être préférées) 2) pourrait présenter « des effets contreproductifs sur l'environnement » puisqu'elle pourrait « engendrer des besoins accrus en matériaux pour l'étiquetage additionnel et une plus grande production de déchets en raison de la taille plus grande que nécessaire des emballages ».

Autre exemple, la Commission européenne étudie actuellement la possibilité d'un projet de règlement afin de proposer la mise en place d'un étiquetage commun. Si l'initiative semble salutaire en facilitant l'accès à l'information de l'ensemble des consommateurs dans l'Union européenne, et en produisant une sorte de langue d'étiquetage commune, il convient de rappeler que les entreprises françaises viennent déjà de faire un long travail de mise en conformité de leur étiquetage à la loi AGEC. L'adoption d'un nouveau règlement européen pourrait donc avoir pour conséquence de rendre obsolète ce travail de mise en conformité mené de longue haleine.

Il peut être à ce stade affirmé que nombre d'entreprises dans leurs prises de décision ont un impact important sur les gouvernements pour lesquels les enjeux environnementaux et sociaux sont également devenus des priorités. Les marques propriétés des entreprises ou sous licence agissent en défenseur de l'intérêt général : du « juste ».

Le titulaire d'une marque doit donc embrasser de façon large bien sûr les aspects du droit de la propriété intellectuelle, mais surtout la transdisciplinarité, le millefeuille des réglementations françaises, européennes, les concepts de *soft law* qui vont gouverner en réalité le développement de la marque appliqué, à un produit ou service tangible comme à son usage dans les mondes réels comme virtuels

Faudrait-il codifier les règlementations relatives au *packaging*?

6.
Métavers et droit : À nouveau monde, nouveau droit ?

À titre liminaire : prendre garde aux mots utilisés pour décrire le phénomène métavers. Métavers avec une majuscule ? Un métavers ou des métavers ? La nuance est grande. Elle soulève, à l'instar du développement numérique, nombre de questions tant les pratiques sont nouvelles : l'adaptation, l'évolution du droit existant s'impose au même titre que l'élaboration de nouvelles règles. Jacques Attali vient de nous délivrer un puissant mode d'emploi du monde[41] dans lequel il décrit l'économie, la rareté et la « pratique » qu'il rapproche du bon sens, propre à éviter les erreurs. Puissions-nous nous en inspirer pour appréhender sereinement le phénomène métavers et plus généralement notre rapport au numérique.

Débutons par une définition distinguant Métavers et des métavers. Le concept de Métavers comporte une mul-

41. *Le monde, modes d'emploi*, Flammarion, 2023.

titude de métavers auxquels on peut accéder avec ou sans vision casques, en recourant ou non à des avatars. Ce sont des modalités possibles d'expression, en 3D, en temps réel. Ces modalités vont évoluer en fonction des usages et des technologies – l'offre des acteurs de ce secteur est sans limites – jusqu'au jugement final du consommateur qui fera un choix fonction de l'usage. Métavers est le terme utilisé pour décrire des technologies sociales d'immersion. Il est composé d'une multitude d'opportunités de services, d'espaces qui seront libres d'accès ou non.

Les développements qui suivent s'attachent donc à donner des clés de compréhension, à éviter un débat déjà bien vibrionnant pour n'aborder que les opportunités offertes par ces technologies numériques et, partant, les risques qui pourraient être engendrés.

Les problématiques économiques, sociétales et juridiques sont nombreuses. Le Métavers n'est pas une réalité uniforme. S'il existe des métavers, il existe un marché des métavers, où ils sont tous concurrents, mais des standards finiront par s'imposer car dominants. Il n'est pas déraisonnable de penser que ce marché va se restreindre en raison des coûts considérables nécessaires à leur développement.

L'usage du Métavers est presque infini : œuvres d'art sous forme de NFT, défilés de mode, concerts et matchs en lignes, cabinets d'avocats ou de consultants, règlement en cryptomonnaies… Tous les services d'une société ouverte sur la consommation sont disponibles sur les métavers.

Le juriste, le titulaire de droit de propriété intellectuelle et le consommateur ont donné le go pour que cet univers virtuel devienne réalité, une réalité économique, marketing et, partant, juridique puis judiciaire.

Ses usages divers et de portée différente seront porteurs d'espoir et de débouchés s'ils sont bien maîtrisés et si une stratégie du Métavers est adoptée (infrastructure, innovation, prise en compte des enjeux sociétaux, environnementaux et juridiques). En d'autres termes faut-il un Métavers libre comme un internet libre ?

Usages et marques

Ces nouveaux mondes virtuels doivent démontrer leur utilité, leur interopérabilité, une capacité à garantir la sécurité des utilisateurs et de la société et bien sûr leur impact environnemental. Les marques dont les titulaires comprendront ces enjeux majeurs apporteront une valeur ajoutée dans cette expérience immersive, donneront du sens à cette communauté ; ces marques seront valorisées.

Deux usages : la consommation et le divertissement (jeux, séries, films, concerts ou encore spectacles illustrent ce propos). Le temps dévolu au divertissement sur le Métavers va croître. Les expériences immersives – nouvelle forme de publicité – créant une relation forte entre le consommateur et les marques se multiplient à l'envi. Les usages professionnels vont continuer aussi à se développer. La formation, bien sûr, mais aussi la collaboration entre entreprises par exemple. Le télétravail a généré un très fort besoin de retrouver une culture d'entreprise partagée et des métavers peuvent contribuer à la reconstruire.

Les réalités virtuelles et augmentées : enjeux et risques

C'est en 1965 que sont dirigés les premiers travaux sur les réalités augmentées et virtuelles. Il fallut attendre les années 2012-2016 pour voir la nouvelle génération de casques de réalité augmentée, avec Oculus.

Pour Adrien Basdevant, « contrairement aux mondes virtuels fortement orientés sur l'interaction sociale, les expériences de réalité virtuelle stimulent l'interaction sensible en nous permettant de percevoir et d'interagir dans notre espace proche. La réalité virtuelle permet une forte implication corporelle de l'utilisateur ». La réalité augmentée est une technologie visant à permettre l'intégration, en temps réel, d'éléments virtuels en 3D. Les réalités virtuelles et augmentées, alors combinées entre elles, donnent à l'utilisateur l'illusion d'une intégration parfaite.

En février 2022, le ministre de l'Économie, des Finances et de la Relance, la ministre de la Culture ainsi que le secrétaire d'État chargé de la Transition numérique et des Communications électroniques ont souhaité la mise en place d'une mission exploratoire sur le développement des métavers. Le rapport rédigé en 2022 par Camille François, chercheuse à Columbia University, Adrien Basdevant, avocat au barreau de Paris, et Rémi Ronfard, chercheur à l'INRIA, a eu comme objectif, de présenter les enjeux des métavers pour la France. Les auteurs du rapport ont très largement contribué à clarifier le débat. Ils y ont, avec talent, exposé les opportunités émergentes à saisir, listées aux fins de mieux appréhender les risques et déviances inhérents à ces technologies. Les propositions des auteurs ont l'immense mérite d'avoir mis en exergue l'avance de grandes entreprises françaises et partant l'intérêt à garantir la « souveraineté numérique » et « culturelle » de la France. Enfin, les auteurs tentent de donner un aperçu des opportunités que présentent les technologies du Métavers dans le secteur de l'éducation, de la santé, mais surtout dans le secteur culturel.

L'identité culturelle de la France serait renforcée si des mesures concrètes étaient adoptées (dépôts de marques protégeant les biens numériques dans les métavers, adaptation du droit d'auteur pour les œuvres dans les métavers, etc.). Les auteurs du rapport comme les acteurs de ce nouvel écosystème appellent de leurs vœux un travail de régulation et d'adaptation des réglementations telles que le RGPD, le DSA et le DMA. Ils avancent l'importance de participer activement aux négociations « pour faire en sorte que la France et les principaux acteurs français [...] participent activement aux discussions sur l'interopérabilité des technologies de l'immersion ».

Au commencement étaient les NFT

Un acronyme désormais ancré dans notre vocabulaire: NFT (*Non Fongible Token*, jeton non fongible) constitue la pierre angulaire de l'univers Métavers. Le terme est parfois utilisé par facilité de langage pour désigner dans un même temps le « certificat » (qui est en fait un identifiant) et l'objet auquel il est associé (soit le sous-jacent).

Un NFT est donc tout d'abord un identifiant numérique unique enregistré sur une *blockchain.* Il a pour caractéristique de ne pouvoir être ni copié ni reproduit. C'est en quelque sorte un certificat, porteur de droits, dont l'authenticité est confirmée par le mécanisme de la *blockchain.* La titularité du NFT est validée selon un système de clés privées et publiques (système de cryptographie). Les NFT reposent donc sur une technologie qui nous est déjà connue: la technologie des registres distribués, ou DLT (*Distributed Ledger Technology*) ou encore *blockchain*[42].

Fondée en 2017, Arianee a été pionnière dans cette utilisation spécifique de la *blockchain*, séduisant de grandes marques. La start-up a créé une plateforme open source exploitée sous un modèle SaaS qui permet aux marques de gérer la partie *blockchain* de leur relation client (distribution, programme de fidélité, etc.). Arianee donne une identité numérique à des produits physiques distribués par l'industrie de la mode et du luxe, en les rattachant à un *smart contract.* Cela permet d'ajouter des fonctionnalités de traçabilité, utiles pour revendre un produit en s'assurant qu'il n'est pas contrefait. Cette technologie permet la création d'un jumeau numérique du produit physique, pour l'utiliser dans un univers virtuel.

En droit, la doctrine s'accorde à dire que le NFT est un bien incorporel appropriable. L'objet de ce chapitre est de tenter une ouverture sur les systèmes de droit protégeant les acteurs du Métavers.

---

42. Une chaîne numérique composée de plusieurs blocs

Le droit de la consommation : une première réponse

Les marques de produits comme de services sont concernées par l'achat sur le Métavers. Il s'agit d'une vente empruntant la technique de communication à distance, dite « vente hors établissement ». Le problème n'en est pas pour autant réglé s'agissant de la capacité juridique de l'avatar/utilisateur.

Les NFT, et principalement les NFT art, jouent sur un mécanisme bien connu : celui de la rareté. Ils réalisent ainsi le prodige de recréer de la rareté dans le monde numérique, qui est par définition le lieu où il n'y en a pas. Avec les NFT, quelque chose de nouveau et d'intéressant se crée : il devient possible de transmettre un élément tout en gardant l'unicité de l'objet. Le NFT a donc une rareté, mais celle-ci se trouve dans l'identifiant et non dans le sous-jacent, mais la question de savoir pourquoi acheter un NFT art demeure.

Pour les créateurs et les partisans du web 3, on constate une réelle volonté, revendiquée, de démédiation résultant de la méfiance des réglementations. Le système n'est donc malheureusement pas conçu pour respecter le droit d'auteur ni les règles de propriété intellectuelle comme le droit des marques, et on trouve des NFT contrefaisants sur la plupart des très grandes plateformes. Il a par exemple été démontré que la plateforme OpenSee hébergeait près de 80 % de contrefaçons, c'est-à-dire que les certificats NFT présents sont authentiques, mais ceux qui ont créé ces certificats ne disposent pas des droits sur le sous-jacent.

L'emblématique affaire des métaBirkin

Le 8 février 2023, le tribunal fédéral de Manhattan a condamné l'artiste Mason Rothschild à verser la somme de 133 000 $ à la maison Hermès, en raison de la commercialisation de NFT reproduisant le sac Birkin de la marque, sous le nom « Birkin », sans autorisation.

Le tribunal a ainsi reconnu M. Rothschild responsable de trois chefs d'accusation : contrefaçon, dilution de marque et *cybersquatting* (en raison de l'utilisation du nom de domaine <metabirkins.com> considéré comme prêtant à confusion et pouvant laisser croire à un lien avec la maison Hermès).

Cette première décision est tout à fait positive pour les titulaires de droits : le droit s'applique à tout produit de toute nature, y compris aux innovations technologiques telles que les NFT. Il était aussi important qu'un tribunal prenne acte du caractère d'atteinte à la marque. Si la reconnaissance des actes de *cybersquatting* n'est pas surprenante (il s'agit en effet d'un fondement classique, qui vise le dépôt d'un nom de domaine incluant une marque protégée afin de profiter de sa notoriété), celle de l'atteinte à la marque « Birkin », compte tenu de la commercialisation de sacs à main virtuels, était plus incertaine. Cette première décision démontre pour l'heure une protection des marques même dans l'univers virtuel, incluant donc les NFT.

M. Rothschild a invoqué le premier amendement de la constitution américaine et par voie de conséquence, la liberté d'expression, arguant que les sacs MetaBirkins représentaient un « hommage » au sac à main iconique de la maison Hermès. Le jury a considéré que les sacs litigieux constituaient non pas des œuvres d'art mais des marchandises, ainsi soumises au droit des marques.

Enfin, l'EUIPO a refusé l'enregistrement du célèbre tartan Burberry à titre de marque pour couvrir les NFT[43]. L'EUIPO a ainsi énoncé que le tartan était dépourvu de distinctivité pour les produits et services liés aux NFT, tout en précisant que la distinctivité acquise par l'usage ne pouvait pas être invoquée pour ces produits nouveaux. physiques correspondants. L'Office a relevé que note les perceptions du consommateur pour des produits du monde réel peuvent être appliquées à des produits virtuels équivalents, car un aspect essentiel des produits virtuels est d'imiter les concepts fondamentaux des produits du monde réel. »

43. EUIPO, 8 février 2023.

7.
Intelligence artificielle et propriété intellectuelle : tant qu'il y aura des Hommes

Qu'entend-on par intelligence artificielle ?

L'intelligence artificielle (IA) est communément désignée comme étant la possibilité pour une machine de « reproduire » des tâches humaines telles que : planifier, organiser, suggérer et créer. Désormais, des systèmes peuvent prendre en compte leur environnement, le gérer, apporter des solutions aux problèmes qu'elle rencontre et entreprendre des actions correctrices. Les systèmes dotés d'IA sont donc (plus ou moins) capables d'adapter leurs comportements en analysant les effets produits par leurs actions précédentes, travaillant de manière autonome. L'intelligence artificielle est considérée la pierre angulaire de la transition numérique des États, de la société et des entreprises. À ce titre, elle est une priorité pour l'Union européenne, qui en fait un enjeu de développement, de compétitivité et de souveraineté.

Les applications de l'IA en droit sont des systèmes experts, capables de rivaliser avec l'humain dans les domaines tels que la gestion des contrats, la recherche documentaire, la prédictivité des évènements... Néanmoins, les questions juridiques liées à l'IA sont nombreuses, et sa régulation reste le sujet central. Au sein des pays membres de l'UE, si le règlement général de la protection des données (RGPD) cadre le traitement des données personnelles (transparence, responsabilité, protection et sanctions en cas de non-conformité), il n'existe à ce jour pas de règlementations spécifiques, ni aux IA en tant que résultat de conceptions algorithmiques, ni à leurs productions propres.

Des enjeux d'importance

Selon les déclarations récentes de l'Office mondiale de la propriété intellectuelle (OMPI), l'IA serait « à l'origine d'avancées importantes dans le domaine technologique et le monde de l'entreprise », aurait des « répercussions sur pratiquement tous les aspects de la création » et rejoindrait la propriété intellectuelle « en de nombreux points ». Elon Musk lui-même (l'un des co-fondateurs d'OpenAI, société ayant développé ChatGPT), ainsi que de nombreux experts mondiaux, ont cosigné le 29 mars 2023 un appel à faire une pause de six mois dans la recherche sur les IA, en évoquant « des risques majeurs pour l'humanité », « l'intelligence artificielle [étant] potentiellement plus dangereuse que les armes nucléaires ».

Cet appel au moratoire sur la recherche en IA alimente nécessairement les grandes craintes issues des meilleurs œuvres de science-fiction. En schématisant, deux grandes peurs émergent avec les questions d'IA :

– de manière immédiate et prosaïque : va-t-on être remplacé par une IA? (crainte de la disparition du travail),

– de manière plus éloignée : l'humanité va-t-elle être surpassée pas une IA? (crainte d'une « super intelligence » qui finirait par devenir autonome, surpasser l'Homme, puis naturellement détruire l'humanité.)

Intelligence artificielle ou illusion d'intelligence?

Les concepteurs et les chercheurs en IA identifient plusieurs modèles d'intelligence artificielle, on en distinguera principalement deux ici.

Le premier est relatif à l'IA faible ou l'IA forte. Celle-ci ressemble à l'idée première que l'on peut se faire de la notion d'intelligence. On la retrouve dans de nombreuses œuvres de science-fiction à l'instar du dernier film de la saga Mission impossible dont le grand méchant est une IA forte complotant pour prendre le pouvoir sur le monde, et ayant pour nom mystérieux « l'Entité ». Ce serait donc une machine dotée d'une intelligence comparable à celle de l'intelligence humaine, pouvant comprendre, apprendre, résoudre n'importe quel problème, serait autodidacte, et pourrait ainsi agir dans n'importe quelle situation, en totale autonomie. Toutefois, la grande majorité des chercheurs en IA concède actuellement que ce modèle est (à ce jour) totalement impraticable pour de nombreuses raisons, et notamment :

– une impossibilité technique (les chercheurs ne savent pas créer une telle IA) ;

– une impossibilité liée à la quantité d'énergie requise pour le fonctionnement d'une telle IA (et qui dépasse aujourd'hui largement celle disponible sur actuellement sur la planète).

Le second modèle est celui d'une IA spécialisée et opérant dans un contexte restreint. Cette machine se focalise sur l'exécution d'une tâche unique. Elle ne serait intelligente que d'apparence et se contenterait d'imiter l'intelligence humaine. Celle-ci correspond bien d'avantage à ce qui nous est actuellement proposé, par exemple avec les IA type assistants conversationnels.

La plus connue actuellement, ChatGPT (GPT pour *Generative Pre-trained Transformer*), est un algorithme qui, lorsqu'on lui demande de se présenter au public, répond qu'il est « un modèle de langage développé par OpenAI basé sur l'architecture GPT-3.5. Mon objectif est d'aider les utilisateurs à générer du texte de manière créative et cohérente pour répondre à leurs questions et les assister dans leurs tâches quotidiennes ». ChatGPT a donc un fonctionnement basé sur des algorithmes qui traitent les données linguistiques pour générer des réponses « cohérentes » et « pertinentes » aux questions et aux instructions qu'il reçoit d'un donneur d'ordre (cette action du donneur d'ordre étant appelée « prompter »). L'IA fonctionne donc par association de mots. Si celle-ci repère une occurrence d'association ou de proximité d'utilisation de mots, elle finit par en déduire un schéma. Elle peut alors produire un texte qui sera une sorte de synthèse de l'ensemble de ce qui a été trouvé et reconnu sur internet comme répondant au schéma qui lui a été demandé de repérer. ChatGPT n'en est qu'à ses balbutiements, mais ce fonctionnement basé sur une combinaison d'algorithmes sophistiqués utilisant des techniques de « traitement du langage naturel » (il est capable d'analyser la grammaire, la sémantique et les relations entre les mots), donne déjà l'impression que l'on peut réellement converser. Quand les concepteurs de ChatGPT indiquent que l'IA comprend, il faut traduire cela en ce qu'elle est capable de reconnaître des associations de mots, et de proposer à son tour des réponses probables.

C'est donc une force calculatoire impressionnante, mais cela n'en fait pas pour autant une « intelligence ». Si l'on compare l'intelligence humaine qui combine à la fois force calculatoire (naturellement très restreinte comparée à celle de l'IA) mais aussi expérience, ressenti, impressions intellectuelles et physiques, alors, force est de constater que l'intelligence artificielle n'est en fait qu'une illusion d'intelligence.

David Layani,
président de Onepoint

L'IA générative, en tant qu'elle est capable de produire des images, des données ou des textes originaux, affecte de façon fondamentale la propriété intellectuelle. Cette dernière repose sur la possibilité de définir et d'identifier un auteur. Au contraire, l'IA fonctionne comme une puissante machine de synthèse : l'intelligence de l'IA, précisément, c'est d'être capable de fusionner différentes sources. Celles-ci sont rendues anonymes dans leur singularité par la combinaison générée par l'IA – qui aboutit, finalement, à des réponses qu'il est impossible de rattacher à une origine. Autrement dit, l'IA brouille les pistes, voire efface le propriétaire initial du contenu.

Dans son utilisation actuelle, l'IA n'est pas autonome. Il s'agit d'une aide, un support par exemple pour des écrivains, des journalistes, des consultants, des codeurs, des designers, lesquels s'approprient le résultat en termes de propriété intellectuelle. Il est probable que demain, l'intelligence artificielle (ainsi que d'autres technologies susceptibles d'en amplifier l'usage, comme la robotique) prenne une place plus structurante dans le monde du travail, venant à remplacer certaines tâches et à transformer certains métiers.

Si nous ne pensons pas que les intelligences artificielles pourraient affecter environ les deux tiers des emplois actuels, comme le pariait Goldman Sachs, ces mutations mériteraient néanmoins que l'on pose de nouveau la question du curseur : où est l'auteur ? Qui détient la parentalité du propos, de sa véracité, de son idéologie ? Les droits d'auteur s'appliquent-ils ? Comment se former à cette nouvelle révolution industrielle ? Le futur du travail, c'est d'abord une grande quantité de femmes et d'hommes qui devront apprendre à faire fonctionner l'intelligence artificielle tant celle-ci impliquera, dans son existence et les exigences de son déploiement, des mains et des cerveaux humains. Je fais le pari que le professionnel se trouve plutôt augmenté que remplacé.

Pour les entreprises qui utilisent l'IA générative - c'est à dire sans doute bientôt un grand nombre d'entre elles -, on peut prévoir que ces enjeux vont devenir de plus en plus stratégiques. ChatGPT est d'abord un outil de loisir (répondant à mes questions ou m'aidant à préparer mes vacances) mais très vite l'IA générative va s'imposer comme un outil professionnel. Certaines questions qui commencent juste à se poser - comme l'autorisation éventuellement requise pour que l'IA générative s'entraîne sur certaines sources sans l'accord de leur propriétaire - vont devenir des enjeux économiques et politiques considérables. Dans l'état actuel du droit, la qualité d'auteur, d'inventeur, d'artiste ne peut être attribuée qu'à une personne physique. Or, derrière cette reconnaissance figure celle du titulaire des droits d'exploitation et de la protection de l'investissement.

L'évolution économique des dernières décennies repose en grande partie sur le déplacement de la valeur des entreprises, du capital matériel (les usines, les machines...) vers le capital immatériel (les marques, les processus, les savoir-faire, les logiciels...). Cette évolution est susceptible d'être renforcée et accélérée par le développement de l'IA. Or, dès lors que la valeur de l'entreprise est concentrée dans le capital immatériel, sa propriété intellectuelle revêt un caractère stratégique. Pour les entreprises, protéger cette propriété intellectuelle devient une condition de leur développement et même de leur survie.

À ce sujet, il importe de souligner que cette place croissance du patrimoine immatériel n'implique pas nécessairement une marche irréversible vers le « tout digital ». Ainsi dans l'entreprise que j'ai fondée, Onepoint, nous avons fait le choix, pendant le Covid, de conserver nos bureaux, nos locaux, nos lieux physiques. La crise aura livré cet enseignement: plus importante sera la transformation numérique de nos sociétés, plus féconds seront les lieux dédiés à la rencontre et à l'échange. Le bureau devient ce lieu privilégié du dialogue et un rempart à l'isolement. Le véritable facteur de réussite, c'est la capacité à rassembler ces deux formes de capital de manière productive.

Mais pour cela, et en attendant un nouveau cadre légal, les entreprises doivent engager des démarches proactives pour se protéger, tout en tirant tout le bénéfice possible. Car rester à l'écart d'une innovation aussi fondamentale n'est pas envisageable. Ainsi, des entreprises comme la mienne proposent des réponses basées sur l'IA dans les domaines publics et privés pour apprécier dès aujourd'hui la variété des cas d'usage dans des fonctions transversales, de l'écriture au codage en passant par le design ou les ressources humaines, comme dans des usages spécifiques, associés à des métiers ou à des secteurs. À titre d'exemple, l'IA pourra servir, dans quelques années, à fluidifier et massifier la participation citoyenne. Les chatbots pourront permettre d'échanger avec la population, de développer des formes de consultation plus riches, de recueillir des réactions, des conseils, des remarques, et faciliter des démarches administratives. À condition de garantir la sécurité et la fiabilité nécessaires, l'IA peut être au service de la performance non seulement des entreprises mais aussi du service public et des administrations.

La régulation sera nécessaire, elle est d'ailleurs souhaitée par beaucoup d'acteurs du secteur ; tout comme le développement d'une culture numérique. Mais réguler ce n'est pas seulement interdire ou limiter, c'est aussi plus fondamentalement constituer le cadre légal nécessaire pour permettre le développement de cette technologie dans des conditions de sécurité juridique acceptables. C'est un objectif qui peut et doit réunir les gouvernements, les citoyens, et les acteurs économiques. Parce qu'au cœur de ce sujet, c'est notre appréhension de la souveraineté qui est en jeu.

Intelligence artificielle mais création réelle

Si les IA sont des ersatz d'intelligence, certaines d'entre elles deviennent pourtant de véritables productrices de contenus. C'est ainsi qu'en 2018 Christie's a proposé pour la première fois à la vente une œuvre créée par une IA. Le Portrait d'Edmond Bellamy s'est vendu à près de 432 500 dollars.

Un exemple emblématique de ces nouvelles conséquences : la grève qui frappe Hollywood à l'été 2023. L'un des principaux syndicats représentant les acteurs américains (et regroupant près de 160 000 professionnels) revendique notamment l'obtention de garanties concernant l'usage de l'IA. En effet, elle permet désormais de produire des films et d'élaborer des scénarios presque sans scénaristes et même sans acteurs, puisqu'elle peut reproduire leur voix et leur image.

Pas un jour ne passe sans que l'on voie fleurir des articles sur ChatGPT (IA conversationnelle), Midjourney (IA productrice d'images) ou autres. Or, les textes générés par ChatGPT ou les images produites par MidJourney sont bien de nouvelles productions, de nouveaux contenus. Se posent donc immédiatement les questions classiques liées à la propriété intellectuelle, et plus particulièrement au droit d'auteur : titularité (qui détient les droits ?), originalité (la nouvelle œuvre peut-elle être protégée par le droit d'auteur ?) et défense des droits (questions de contrefaçon et/ou de concurrence déloyale). Tout le droit, et particulièrement le droit de la propriété intellectuelle, est frappé par ces nouveaux modes de création et tente d'appréhender ces questions nouvelles en proposant (faute de texte ou de jurisprudence) des pistes de réflexion.

Pour l'entrepreneur, le point d'attention reste la valeur créée par l'IA qui provient des données nécessaires à l'apprentissage et non seulement de l'algorithme. Deux cas de figure alors. Dans un premier cas, la technologie d'IA repose, selon le choix de son exploitant, sur des algorithmes dans le domaine public ou soumis, à titre alternatif, à un régime dit open source. Ici, c'est la valeur ajoutée résultant de leur combinaison ou de leur éducation/apprentissage que l'exploitant va chercher à protéger. Dans un second cas, c'est la protection des algorithmes en tant que tels qui peut être recherchée.

Dans les deux cas, le recours aux droits de propriété intellectuelle (droit d'auteur sur les logiciels et/ou les productions de l'IA, ou brevet) n'est pas totalement satisfaisant, et peut/doit donc éventuellement et selon les cas être associé et complété par :

- le secret des affaires,
- le recours à la pratique contractuelle (outil flexible qui permet une adaptabilité des garanties, une confidentialité accrue et des conditions d'utilisations sur mesures dans la mesure où celles-ci peuvent être négociées librement),
- et des actions judiciaires y compris sur le terrain de la concurrence déloyale et du parasitisme économique (nécessitant alors que soit démontrée l'existence d'une faute dans les pratiques).

De nombreuses réflexions vont animer le sujet de l'IA qui peut notamment intervenir dans le processus de création littéraire et artistique : les objets intelligents, hors intervention d'une personne physique, peuvent-ils être qualifiés d'œuvres relevant du droit d'auteur ?

La titularité

En l'absence de cadre juridique plus spécifique à l'IA, il convient de raisonner selon les catégories classiques du droit. Certains tentent (à la marge) de faire reconnaître la qualité d'auteur à l'IA elle-même. L'Afrique du Sud a ainsi reconnu le 28 juillet 2021[44] le statut d'inventeur à une IA nommée Dabus, développée par un chercheur américain, Stephen Thaler. Il s'agit d'une victoire pour l'équipe juridique américaine *The Artificial Inventor Project* qui avait déposé, depuis 2019, une dizaine de demandes afin de faire reconnaître l'IA comme inventeur du brevet dans de très nombreux pays. Cette décision a rapidement été suivie par l'Australie le 30 juillet 2021[45]. Les juges australiens ont cependant précisé que l'inventeur « non-humain » ne pouvait être ni le déposant de la demande, ni le titulaire du brevet. Dans la majorité des pays, dont la France, la titularité des droits n'est accordée (sauf exception) qu'aux personnes dotées de la personnalité juridique.

Dès lors, les IA elles-mêmes (ou plutôt leurs concepteurs) nous aident sur cette question de titularité puisque

44. Office des brevets sud-africain, Commission sud-africaine des entreprises et de la propriété (*Companies and intellectual Property Commission*, « *Patent Office* »), 28 juillet 2021, 2021/03242.
45. Cour fédérale de l'Australie (*Federal Court of Australia*), 30 juillet 2021, FCA 879, *Thaler v. Commissioner of Patents.*

la plupart prévoient dans leurs conditions générales d'utilisation (donc contractuellement) leur système de répartition des droits sur les contenus créés. Par exemple, ChatGPT attribuait initialement les droits d'auteur éventuels à l'utilisateur lui-même (sous réserve du respect des droits relatifs à la liberté d'expression, etc.), désormais, la plateforme détentrice de ChatGPT (OpenAI) se réserve les droits d'auteur relatifs aux contenus créés par son algorithme, et l'utilisateur en a une simple licence d'utilisation personnelle et non commerciale. ChatGPT a donc, en l'espace de quelques mois seulement, modifié drastiquement sa politique, et interdit désormais toute utilisation, reproduction, distribution, exploitation à titre commercial du contenu généré par son IA. Midjourney se réserve également pour le moment les droits d'auteur, en concédant une licence d'exploitation non commerciale au donneur d'ordre.

En attendant une législation sur le sujet (à considérer nécessaire), ce sont donc les détenteurs des IA eux-mêmes qui règlementent contractuellement cette question avec les disparités et les inégalités que l'on peut imaginer.

L'originalité

Par principe, une œuvre est protégée du seul fait de sa création (c'est-à-dire sans avoir besoin de procéder à la moindre formalité/enregistrement), et le droit d'auteur confère au titulaire un monopole d'exploitation sur son œuvre.

Pour autant, une telle protection implique que l'œuvre soit parfaitement identifiée. Plus important encore, l'auteur doit concrètement démontrer en quoi son œuvre est originale, en quoi celle-ci se distingue de l'art antérieur, où se situe précisément son effort créatif et son empreinte personnelle. Il revient donc à l'auteur de définir les contours de l'originalité de son œuvre afin que la création, toute la création mais rien que la création, soit protégée, un genre ou une idée n'étant pas protégeable au titre du droit d'auteur.

Désormais, pour les productions issues des IA, la question sera donc pour le donneur d'ordre, de démontrer que les consignes promptées sont suffisamment précises, créatives, nouvelles, de sorte que l'empreinte de sa personnalité soit démontrée. Cela risque toutefois de constituer une tâche difficile. On suppose que l'originalité sera plus facilement démontrée dans la mesure où le donneur d'ordre aura précisé ses instructions, et se sera éloigné de la contribution initiale (avec toujours les exigences de démontrer le degré de modification, le degré d'implication et de choix du donneur d'ordre tant dans l'ordre donné que dans la modification de la production, afin de démontrer « l'empreinte de sa personnalité »).

La question de l'atteinte aux droits antérieurs

Concrètement lorsque l'IA génère un nouveau contenu (texte, image, son, etc.), elle fait une sorte de synthèse des millions de données disponibles et propose un nouveau contenu à partir de tout ce qui préexiste sur internet, impliquant notamment :

– des droits à l'image (s'il est demandé de produire l'image d'une personne célèbre, celle-ci pourrait éventuellement arguer de l'atteinte à son image),

– des droits d'auteur (si production d'une œuvre picturale, littéraire, musicale, etc. « à la manière de »).

Et ces questions se posent déjà concrètement et de manière journalière. David Cope, ingénieur/compositeur propose déjà des œuvres créées par un algorithme « à la manière de Bach » avec des résultats plus que surprenants. La chanteuse Grimes a annoncé récemment autoriser la réutilisation de sa voix pour permettre la création de nouvelles chansons grâce à l'IA (dans la mesure ou 50 % des profits générés lui sont reversés tout de même).

Lorsque le détenteur de droits lui-même donne une autorisation, ou qu'il n'y a plus d'ayants droit identifiés, la question de l'atteinte aux droits antérieurs se règle rapidement. Dans le cas inverse et à défaut de texte, la question de la titularité resurgit ici sous un autre angle, afin de déterminer qui pourra être tenu responsable de l'œuvre contrefaisante. Pour le titulaire, les questions sont : 1) peut-il agir ? et 2) contre qui agir ?

Sur la possibilité d'action, tout dépendra (de manière inversée au donneur d'ordre) de savoir si l'œuvre antérieure est prééminente dans la création de l'IA, ou si elle n'est qu'accessoire, si elle est identifiable ou si elle procède uniquement d'un style ou d'un genre. Concrètement, on peut penser que si le donneur d'ordre demande à l'IA de créer à la manière d'un artiste en particulier, le risque de contrefaçon sera plus grand. S'il est fait référence à un courant, une période, un style général, le risque devrait être amoindri.

Sur la question de savoir contre qui agir, il convient de revenir aux éléments contractuels à disposition. Lorsque les différentes plateformes d'IA prévoient une cession de droits au profit du titulaire, seul le donneur d'ordre devrait pouvoir être mis en cause, mais si l'IA se réserve une partie des droits, il devrait éventuellement être possible d'agir aussi bien contre le donneur d'ordre ou que le détenteur de l'IA. Reste à noter que, dans cette dernière hypothèse, le détenteur de l'IA devrait toutefois pouvoir faire valoir son absence de rôle et dans la création, et dans l'exploitation de l'œuvre seconde, sa responsabilité serait donc probablement limitée. L'hypothèse la plus probable reste donc l'action contre le donneur d'ordre/celui qui exploitera l'œuvre seconde au détriment du titulaire de droits antérieurs (et toujours à condition de démontrer réellement une atteinte aux droits antérieurs et pas seulement la reprise d'un « genre »).

Une fois ces règles énoncées, il est paradoxal de constater que, pour qu'une IA puisse faire œuvre de « création », c'est encore en puisant dans la totalité de la création humaine disponible sur internet. La « création » de l'IA est donc absolument subordonnée à la création humaine et c'est seulement parce que les Hommes créent en permanence, alimentent internet de manière journalière et continue, publient leurs recherches et numérisent leurs œuvres, que l'IA peut faire œuvre de production.

Conclusion

Ce manuel de l'immatériel n'a naturellement pas vocation à être exhaustif, et bien d'autres questions mériteraient d'être explorées. Il a tout de même pour ambition de démontrer l'omniprésence de la propriété intellectuelle, et de donner, si ce ne sont les premiers réflexes, au moins les premiers points d'attention qu'un acteur économique ou qu'un créateur doit avoir à l'esprit.

Ces sujets sont abondants, parfois techniques, mais auront permis de démontrer – si besoin en était –, l'existence de nombreux outils juridiques et pratiques qui sont à notre disposition pour construire (ou reconstruire) l'image d'une marque, la préserver, et ainsi sécuriser une identité afin de la valoriser tant aux yeux des investisseurs que du public.

Il est toujours préférable d'utiliser ces outils juridiques en amont de toute difficulté, en ayant pris le temps de réfléchir à une stratégie opportune, et en ayant décidé d'un calendrier de mise en pratique. Mais la vie de l'entreprise et de la marque peuvent évoluer et les outils sont alors là pour parer à tout changement, y compris en cas de survenance d'une difficulté imprévue.

Il est clair que les créateurs, et plus largement les entrepreneurs doivent naviguer dans un paysage juridique fourni où, tour à tour, les normes s'empilent, s'entremêlent et s'entrechoquent. Mais les questions juridiques ne doivent jamais être perçues comme un frein ; il s'agit d'outils d'accompagnement et de valorisation pour une entreprise. *In fine* le droit est toujours au service de la création ! Et le droit de la propriété intellectuelle a cette qualité de résister à l'épreuve du temps, et de se penser dans le temps long.

C'est notamment ce que l'on observe avec les bouleversements technologiques qui adviennent qui sont, là encore, de nouveaux défis à relever, tant pour les entrepreneurs que pour le législateur, car ces bouleversements redessinent notre approche de la création et repoussent toujours davantage les frontières de l'immatériel. Ils sont tout à la fois vecteurs d'opportunités et sources de craintes.

Mais le droit se construit toujours avec un léger rebours des évolutions technologiques (des propositions de règlements sont par exemple en cours de réflexion au niveau européen s'agissant d'une régulation sur l'IA), l'avènement de nouveaux procédés va donc nécessairement entraîner l'avènement de nouvelles règles. Les règles se construisent et se peaufinent en même temps que la naissance de nouveaux outils.

L'avènement de ces nouvelles technologies nous permet enfin à nous, cabinet Hoffman, de dire notre reconnaissance et de rappeler l'avant-gardisme de notre fondateur Serge Hoffman qui avait déjà perçu, il y a maintenant soixante ans, que la propriété intellectuelle était déterminante à la vie des créateurs et nécessitait le développement d'un droit spécifique. Il avait également perçu dès 1963 que les entreprises et les créateurs avaient besoin de spécialistes de la matière pour les conseiller, les guider, et les accompagner au mieux dans la mise en place d'une stratégie de protection et dans la défense de leurs droits.

Cette année 2023, le cabinet Hoffman fête donc ses soixante ans d'existence et continue d'œuvrer à l'exercice du droit de la propriété intellectuelle.

Fort de cette filiation et de la gratitude que nous avons à l'égard de Serge Hoffman, nous ne pouvions clore ces quelques pages sans lui laisser les derniers mots, en reprenant ceux qu'il avait rédigés à l'occasion de la parution de notre premier ouvrage *BIP, Be Intellectual Property*, publié en 2017 aux éditions Fauves.

Conclusion

Il faut pour ne garder qu'une idée de la Propriété Intellectuelle, qui englobe la Propriété Industrielle, le Droit des Marques et des Modèles, les droits d'Auteur, que la liberté du commerce reste la règle générale.

Pour défendre une création et en se basant sur la Jurisprudence de la Cour de Cassation, il faut qu'elle soit nouvelle et originale.

Tout créateur a droit au respect de son œuvre, que ce soit dans le domaine artistique, littéraire, musical, commercial.

Son mérite doit ainsi être légitimement récompensé !

Serge Hoffman

Remerciements

Ce manuel de l'immatériel n'existerait pas sans la collaboration de la *dream team* du cabinet Hoffman de Margaux Bayle à Olivia Granit, de Candice André à Marine Turc, de Delphine Mandel, et de Pierre Hoffman, bâtonnier élu du Barreau de Paris, sous la belle étoile de Serge Hoffman.

Index

AFNOR – Association française de normalisation est l'organisation française

CA – Cour d'appel

CJUE – Cour de justice de l'Union européenne

EUIPO – Office de l'Union européenne pour la propriété intellectuelle

IA – Intelligence artificielle

INPI – Institut national de la Propriété industrielle

JO – Journal officiel

NFT – *Non Fongible Token*

OMPI – Office mondiale de la Propriété intellectuelle

REP – Responsabilité élargie du producteur

R&D – Recherche et Développement

RSE – Responsabilité sociétale des entreprises

TUE – Tribunal de l'Union européenne

www.ingramcontent.com/pod-product-compliance
Lightning Source LLC
LaVergne TN
LVHW010938051026
849532LV00003B/1031